Level **1**

초등영단어
문장의 시작

차례

구성과 특징 1권-4권

〈초등영단어 문장의 시작〉은 초등학생이 알아야 할 1200단어를 공부하는 책이에요.

Level 1~4의 각 권에서 하루 10단어씩 30일간 300단어를 공부할 수 있어요.

매일 10단어씩 〈듣고 따라하기 ➡ 듣기 문제로 단어 익히기 ➡ 쓰기 문제로 단어 익히기 ➡ 문장 듣기로 단어 확장하기 ➡ 글 읽기로 단어 확장하기〉의 5단계로 공부해요.

Step › 1 듣고 따라하기

**주제별 10개의 영단어를
보고, 듣고, 큰 소리로 따라 하며 익혀요.**

그림으로 보고, 소리로 듣고, 입으로 따라 하면서
각 단어의 소리, 철자, 뜻을 익힐 수 있어요.
읽은 횟수를 표시하며 모든 단어를 세 번씩 반복해요.

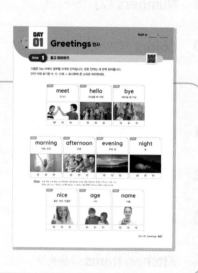

Step › 2 듣기 문제로 단어 익히기

**들려주는 소리에 해당하는 단어를
직접 쓰고, 보며 익혀요.**

- 소리를 듣고 단어를 쓴 후 사진을 연결하는 유형
- 소리를 듣고 단어의 철자를 쓴 후 의미를 확인하는 유형

보고, 듣고, 쓰기가 결합된 퀴즈 형식의 문제로
재미있게 단어를 공부해요.

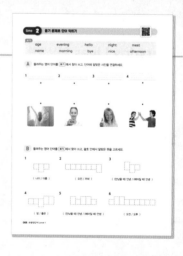

Step › 3 쓰기 문제로 단어 익히기

우리말 뜻이나 사진을 보고 단어를 기억해내며 전체 단어를 완성해요.

- 빈칸 채워 단어 완성하기
- 우리말 뜻에 맞는 전체 단어 써보기

훈련처럼 억지로 단어를 기억해내서 쓰는 것이 아니라
시각적 흥미를 일으키는 유형의 문제로 자연스럽게 단어를 익혀요.

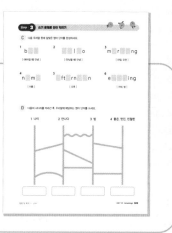

Step › 4 문장 듣기로 단어 확장하기

들려주는 문장을 통해 단어의 쓰임을 공부해요.

단순한 단어 암기에 그치지 않고
문장에서의 쓰임을 이해할 수 있게 했어요.

Step › 5 글 읽기로 단어 확장하기

Step 4에서 학습한 문장을 활용한 짧은 글을 읽어요.

한 편의 글을 읽으며, 학습한 단어들이
글에서 어떻게 쓰이는지 알 수 있어요.

- 글의 전체 흐름을 파악하는 유형
- 글의 세부 내용을 파악하는 유형

두 가지 유형의 문제를 통해, 글을 이해했는지 확인해요.

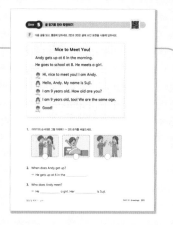

단어 학습을 도와주는 장치들

Tips : 단어를 상황이나 때에 맞게 사용할 수 있는 팁을 제공해요.

Quick Check : 새로운 단어를 공부하기 전, 전날 배운 단어들을 듣고 받아쓰며 확인해요.

Review : 5일간 공부한 단어들을 간단하게 확인해요.

Workbook : 단어를 통으로 써보며 학습을 마무리해요. (별책)

DAY 01 Greetings 인사

Step 1 듣고 따라하기

다음은 Day 01에서 공부할 10개의 단어입니다. 모든 단어는 세 번씩 읽어줍니다.
단어 아래 표기된 ❶, ❷, ❸에 √표시하며 큰 소리로 따라하세요.

0001 **meet** 만나다	0002 **hello** (만났을 때) 안녕	0003 **bye** (헤어질 때) 안녕

✓ ❷ ❸	❶ ❷ ❸	❶ ❷ ❸

0004 **morning** 아침, 오전	0005 **afternoon** 오후	0006 **evening** 저녁, 밤	0007 **night** 밤

❶ ❷ ❸	❶ ❷ ❸	❶ ❷ ❸	❶ ❷ ❸

💡**TIPS** 아침, 점심, 저녁, 밤을 나누는 절대적인 기준은 없어요. 하지만, 보통 아침은 해가 뜬 후인 오전 6시 ~ 오후 12시,
점심은 오후 12시 ~ 오후 6시, 저녁은 오후 6시 ~ 오후 9시, 밤은 깜깜한 오후 9시 이후의 시간을 가리켜요.

0008 **nice** 좋은, 멋진, 친절한	0009 **age** 나이	0010 **name** 이름

❶ ❷ ❸	❶ ❷ ❸	❶ ❷ ❸

보기

age	evening	hello	night	meet
name	morning	bye	nice	afternoon

A 들려주는 영어 단어를 보기 에서 찾아 쓰고, 단어에 알맞은 사진을 연결하세요.

1 _____   2 _____   3 _____   4 _____

•   •   •   •

•   •   •   •

B 들려주는 영어 단어를 보기 에서 찾아 쓰고, 괄호 안에서 알맞은 뜻을 고르세요.

1

(나이 / 이름)

2

(오전 / 저녁)

3

((만났을 때) 안녕 / (헤어질 때) 안녕)

4

(밤 / 좋은)

5

((만났을 때) 안녕 / (헤어질 때) 안녕)

6

(오전 / 오후)

C 다음 우리말 뜻에 알맞은 영어 단어를 완성하세요.

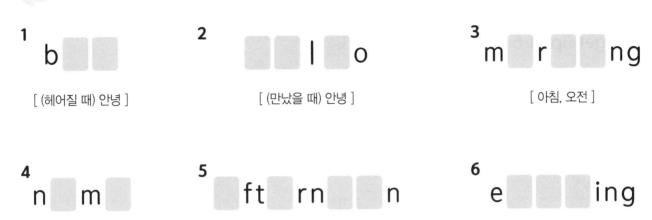

1
b □ □

[(헤어질 때) 안녕]

2
□ □ l □ o

[(만났을 때) 안녕]

3
m □ r □ □ ng

[아침, 오전]

4
n □ m □

[이름]

5
□ ft □ rn □ □ n

[오후]

6
e □ □ □ ing

[저녁, 밤]

D 다음의 사다리를 따라간 후, 우리말에 해당하는 영어 단어를 쓰세요.

1 나이   **2** 만나다   **3** 밤   **4** 좋은, 멋진, 친절한

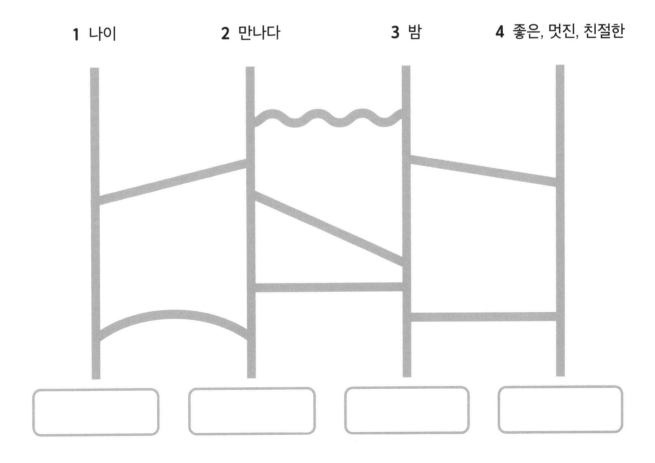

E　다음을 듣고 빈칸을 채워 문장을 완성한 후, 큰 소리로 따라하세요.

1　I get up at 6 in the ☐.

나는 아침 6시에 일어납니다.

2　I ☐ a girl.

나는 한 여자아이를 만납니다.

3　Hi, ☐ to ☐ you!

안녕, 만나서 반가워!

4　☐, my ☐ is Suji.

안녕, 내 이름은 Suji야.

5　We are the same ☐.

우리는 나이가 같습니다.

📝 **Expressions**
- get up : 일어나다
- girl : 여자아이
- same : 같은

F   다음 글을 읽고, 물음에 답하세요. 2번과 3번은 글에 쓰인 표현을 사용해 답하세요.

Nice to Meet You!

Andy gets up at 6 in the morning.

He goes to school at 8. He meets a girl.

Andy   Hi, nice to meet you! I am Andy.

Suji   Hello, Andy. My name is Suji.

Andy   I am 9 years old. How old are you?

Suji   I am 9 years old, too! We are the same age.

Andy   Good!

1. 이야기의 순서대로 그림 아래에 1 ~ 3의 숫자를 써넣으세요.

2. When does Andy get up?

➡ He gets up at 6 in the _____.

3. Who does Andy meet?

➡ He _____ a girl. Her _____ is Suji.

정답 및 해석 >> p35

Quick Check

● Day 01에서 학습한 단어들을 듣고 쓴 후, 그 단어의 우리말 뜻을 쓰세요.

1   →

2   →

3   →

4   →

5   →

6   →

7   →

8   →

9   →

10   →

✎ 틀린 단어 써보기

DAY 02 Family (1) 가족 (1)

Step > 1 듣고 따라하기

다음은 Day 02에서 공부할 10개의 단어입니다. 모든 단어는 세 번씩 읽어줍니다.
단어 아래 표기된 ❶, ❷, ❸에 ✓ 표시하며 큰 소리로 따라하세요.

0011
husband
남편

✓❶ ❷ ❸

0012
wife
부인

❶ ❷ ❸

0013
grandpa
할아버지

❶ ❷ ❸

0014
grandma
할머니

❶ ❷ ❸

0015
father
아버지

❶ ❷ ❸

0016
mother
어머니

❶ ❷ ❸

💡**TIPS** 할아버지, 할머니는 각각 grandfather, grandmother로 말하기도 해요.
아빠, 엄마는 father와 mother 외 각각 dad, mom이라고도 해요.

0017
brother
형제, 형, 오빠, 남동생

❶ ❷ ❸

0018
sister
자매, 여동생, 누나, 언니

❶ ❷ ❸

0019
son
아들

❶ ❷ ❸

0020
daughter
딸

❶ ❷ ❸

| sister | wife | daughter | mother | husband |
| grandpa | son | father | brother | grandma |

A 들려주는 영어 단어를 보기에서 찾아 쓰고, 단어에 알맞은 사진을 연결하세요.

1 _____ 2 _____ 3 _____ 4 _____

• • • •

• • • •

B 들려주는 영어 단어를 보기에서 찾아 쓰고, 괄호 안에서 알맞은 뜻을 고르세요.

1
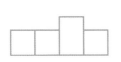
(남편 / 부인)

2
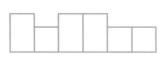
(아버지 / 어머니)

3
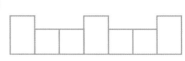
(남편 / 형제)

4
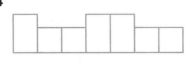
(자매 / 형제)

5
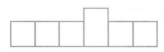
(딸 / 자매)

6
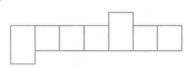
(할머니 / 할아버지)

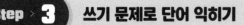

Step > 3 쓰기 문제로 단어 익히기

C 다음 우리말 뜻에 알맞은 영어 단어를 완성하세요.

1 si te
[자매, 여동생, 누나, 언니]

2 s n
[아들]

3 m er
[어머니]

4 gr d a
[할아버지]

5 fe
[부인]

6 h b nd
[남편]

D 다음의 사다리를 따라간 후, 우리말에 해당하는 영어 단어를 쓰세요.

1 할머니　　**2** 형제　　**3** 아버지　　**4** 딸

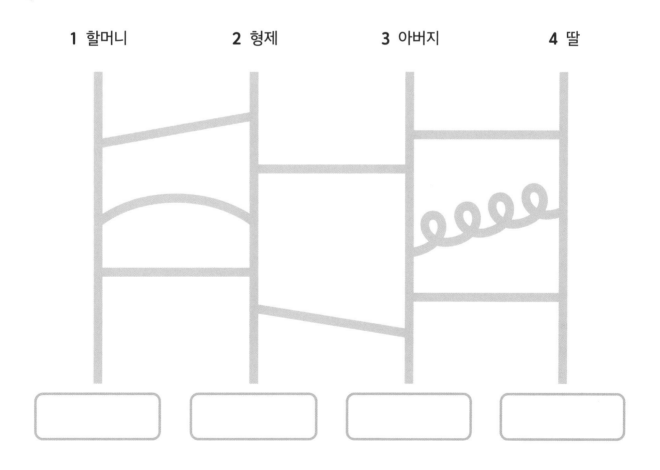

E 다음을 듣고 빈칸을 채워 문장을 완성한 후, 큰 소리로 따라하세요.

1 It is my [   ]'s birthday.

나의 할아버지의 생신입니다.

2 My [   ] makes cookies.

나의 아버지는 쿠키를 만듭니다.

3 My [   ] makes a cake.

나의 어머니는 케이크를 만듭니다.

4 My [   ] and I sing.

나의 누나와 나는 노래합니다.

5 My [   ] and my [   ] smile at us.

나의 할아버지와 할머니는 우리에게 미소를 짓습니다.

📝 **Expressions**

· birthday : 생일

· make : 만들다

· sing : 노래하다

· smile at ~ : ~에게 미소를 짓다

F 다음 글을 읽고, 물음에 답하세요. 2번과 3번은 글에 쓰인 표현을 사용해 답하세요.

Birthday Party

It is my grandpa's birthday.

My father makes cookies.

My mother makes a cake.

And my sister and I sing.

My grandpa and my grandma smile at us.

Happy birthday, grandpa!

1. 이야기의 순서대로 그림 아래에 1 ~ 4의 숫자를 써넣으세요.

2. Whose birthday is it?

➡ It is my _____'s birthday.

3. Who makes a cake?

➡ My _____ makes a cake.

정답 및 해석 >> p36

Quick Check

● Day 02에서 학습한 단어들을 듣고 쓴 후, 그 단어의 우리말 뜻을 쓰세요.

1 _____ → _____

2 _____ → _____

3 _____ → _____

4 _____ → _____

5 _____ → _____

6 _____ → _____

7 _____ → _____

8 _____ → _____

9 _____ → _____

10 _____ → _____

✍️ 틀린 단어 써보기

_____

_____

_____

DAY 03 Family (2) 가족 (2)

Step > 1   듣고 따라하기

다음은 Day 03에서 공부할 10개의 단어입니다. 모든 단어는 세 번씩 읽어줍니다.
단어 아래 표기된 ❶, ❷, ❸에 ✔ 표시하며 큰 소리로 따라하세요.

0021 **parents** 부모	0022 **child** 어린이, 아이, 자식	0023 **baby** 아기	0024 **kid** 아이, 어린이

✔ ❷ ❸   ❶ ❷ ❸   ❶ ❷ ❸   ❶ ❷ ❸

💡**TIPS** child와 kid 둘 다 '어린아이'를 의미하지만 약간의 차이가 있어요.
child는 공식적인 상황에서 쓰는 정중한 표현이고, kid는 일상 대화에서 쓰는 친근하고 편한 표현이에요.
그런데 kid는 때에 따라 기분을 상하게 하는 말이 될 수도 있다는 점도 기억하세요.

0025 **aunt** 숙모, 고모, 이모, 아주머니	0026 **uncle** 삼촌, 고모부, 이모부, 아저씨	0027 **cousin** 사촌

❶ ❷ ❸   ❶ ❷ ❸   ❶ ❷ ❸

0028 **adult** 어른, 성인; 다 자란	0029 **family** 가족	0030 **couple** 부부, 한 쌍

❶ ❷ ❸   ❶ ❷ ❸   ❶ ❷ ❸

보기

| baby | aunt | family | couple | adult |
| cousin | child | uncle | parents | kid |

A 들려주는 영어 단어를 (보기)에서 찾아 쓰고, 단어에 알맞은 사진을 연결하세요.

1 _____ •

2 _____ •

3 _____ •

4 _____ •

•

•

•

•

B 들려주는 영어 단어를 (보기)에서 찾아 쓰고, 괄호 안에서 알맞은 뜻을 고르세요.

1

(어린이 / 부모)

2

(어른 / 어린이)

3

(어른 / 아기)

4

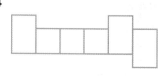

(사촌 / 가족)

5

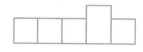

(이모 / 삼촌)

6

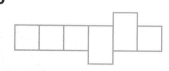

(가족 / 부부)

C 다음 우리말 뜻에 알맞은 영어 단어를 완성하세요.

1

a ☐ ☐ t

[숙모, 고모, 이모, 아주머니]

2

c ☐ ☐ ld

[어린이, 아이, 자식]

3

p ☐ r ☐ n ☐ s

[부모]

4

☐ ☐ d

[아이, 어린이]

5

☐ a ☐ il ☐

[가족]

6

☐ n ☐ l

[삼촌, 고모부, 이모부, 아저씨]

D 다음의 사다리를 따라간 후, 우리말에 해당하는 영어 단어를 쓰세요.

1 어른, 성인; 다 자란   **2** 아기   **3** 부부, 한 쌍   **4** 사촌

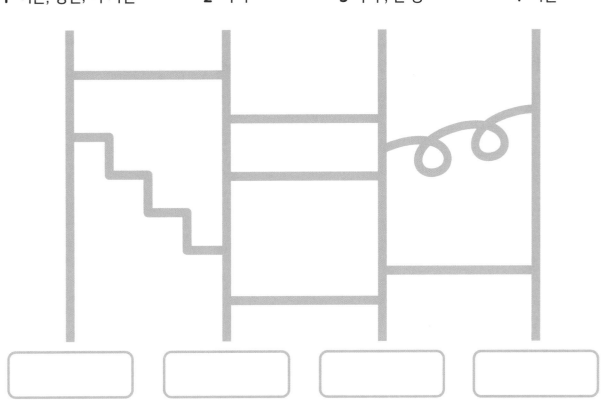

E 다음을 듣고 빈칸을 채워 문장을 완성한 후, 큰 소리로 따라하세요.

1 She wants to have a big _____.

그녀는 대가족을 가지고 싶어 합니다.

2 Her _____ and _____ come to her house.

그녀의 이모와 이모부가 그녀의 집에 옵니다.

3 They come with their _____.

그들은 그들의 아기와 함께 옵니다.

4 He is her _____.

그는 그녀의 사촌입니다.

5 There are four _____ and two _____.

네 명의 어른과 두 명의 어린이가 있습니다.

6 "You have a big _____ now!" say her _____.

"너는 이제 대가족을 가졌구나!"라고 그녀의 부모님이 말합니다.

📝 **Expressions**

- want : 원하다
- big : 큰
- come : 오다
- house : 집
- There is[are] ~ : ~가 있다
- say : 말하다

F   다음 글을 읽고, 물음에 답하세요. 2번과 3번은 글에 쓰인 표현을 사용해 답하세요.

Big Family

Suji has no brothers and sisters.

She wants to have a big family.

Her aunt and uncle come to her house.

They come with their baby.

He is her cousin.

"Four adults and two kids!

You have a big family now!" say her parents.

1.   이야기의 순서대로 그림 아래에 1 ~ 3의 숫자를 써넣으세요.

2.   Who comes to Suji's house?

➡ Her _____ and _____ come with their _____.

3.   Who is the baby?

➡ The baby is Suji's _____.

정답 및 해석 >> p37

Quick Check

● Day 03에서 학습한 단어들을 듣고 쓴 후, 그 단어의 우리말 뜻을 쓰세요.

1 _____ ➡ _____

2 _____ ➡ _____

3 _____ ➡ _____

4 _____ ➡ _____

5 _____ ➡ _____

6 _____ ➡ _____

7 _____ ➡ _____

8 _____ ➡ _____

9 _____ ➡ _____

10 _____ ➡ _____

✎ 틀린 단어 써보기

_____

_____

DAY 04 Persons 사람

Step 1 듣고 따라하기

다음은 Day 04에서 공부할 10개의 단어입니다. 모든 단어는 세 번씩 읽어줍니다.
단어 아래 표기된 ❶, ❷, ❸에 ✔표시하며 큰 소리로 따라하세요.

0031 **people** 사람들	0032 **man** 남자, 사람	0033 **woman** 여자, 여성

✔ ❷ ❸	❶ ❷ ❸	❶ ❷ ❸

💡**TIPS** man과 woman이 두 명 이상일 때는 men과 women으로 나타냅니다.

0034 **boy** 소년, 남자아이	0035 **girl** 소녀, 여자아이	0036 **human** 인간	0037 **friend** 친구
			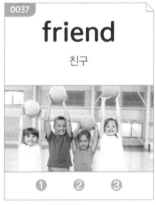
❶ ❷ ❸	❶ ❷ ❸	❶ ❷ ❸	❶ ❷ ❸

0038 **guy** 남자, 녀석	0039 **lady** 숙녀	0040 **gentleman** 신사

❶ ❷ ❸	❶ ❷ ❸	❶ ❷ ❸

woman	guy	human	man	friend
gentleman	girl	people	lady	boy

A 들려주는 영어 단어를 [보기]에서 찾아 쓰고, 단어에 알맞은 사진을 연결하세요.

1 _____   2 _____   3 _____   4 _____

•   •   •   •

•   •   •   •

B 들려주는 영어 단어를 [보기]에서 찾아 쓰고, 괄호 안에서 알맞은 뜻을 고르세요.

1

(남자 / 여자)

2

(인간 / 남자)

3

(인간 / 친구)

4

(숙녀 / 신사)

5

(남자, 녀석 / 소녀)

6

(사람들 / 신사)

C 다음 우리말 뜻에 알맞은 영어 단어를 완성하세요.

1
b ⬜ ⬜

[소년, 남자아이]

2
g ⬜ ⬜

[남자, 녀석]

3
⬜ u m ⬜ n

[인간]

4
m ⬜ n

[남자, 사람]

5
g ⬜ l

[소녀, 여자아이]

6
l ⬜ d ⬜

[숙녀]

D 다음의 사다리를 따라간 후, 우리말에 해당하는 영어 단어를 쓰세요.

1 여자, 여성   **2** 친구   **3** 사람들   **4** 신사

정답 및 해석 >> p37

E 다음을 듣고 빈칸을 채워 문장을 완성한 후, 큰 소리로 따라하세요.

1 [_____] are in the park.

사람들이 공원에 있습니다.

2 A [_____] and a [_____] play with a dog.

한 남자와 한 소년이 개와 놉니다.

3 A [_____] and a [_____] play with a kid.

한 숙녀와 한 신사가 아이 한 명과 놉니다.

4 A [_____] plays with a robot.

한 소녀가 로봇과 놉니다.

5 It is not a [_____].

그것은 인간이 아닙니다.

6 It is her [_____].

그것은 그녀의 친구입니다.

📝 **Expressions**
- park : 공원
- play : 놀다
- with : ~와 함께
- robot : 로봇

F 다음 글을 읽고, 물음에 답하세요. 2번과 3번은 글에 쓰인 표현을 사용해 답하세요.

At the Park

Andy and Suji go to the park.

People are in the park.

A man and a boy play with a dog.

A lady and a gentleman play with a kid.

A girl plays with a robot.

It is not a human.

But it is her friend.

1. 이야기의 순서대로 그림 아래에 1 ~ 3의 숫자를 써넣으세요.

2. Who plays with a dog?

➡ A _____ and a _____ play with a dog.

3. What is the robot to the girl?

➡ It is not a _____, but it is her _____.

정답 및 해석 >> p38

Quick Check

● Day 04에서 학습한 단어들을 듣고 쓴 후, 그 단어의 우리말 뜻을 쓰세요.

1   →

2   →

3   →

4   →

5   →

6   →

7   →

8   →

9   →

10   →

✎ 틀린 단어 써보기

DAY 05 Pets 애완동물

Step 1 듣고 따라하기

다음은 Day 05에서 공부할 10개의 단어입니다. 모든 단어는 세 번씩 읽어줍니다.
단어 아래 표기된 ❶, ❷, ❸에 ✓표시하며 큰 소리로 따라하세요.

0041	0042	0043
pet 애완동물	**cat** 고양이	**dog** 개

✓ ❷ ❸	❶ ❷ ❸	❶ ❷ ❸

0044	0045	0046	0047
rabbit 토끼	**bird** 새	**snake** 뱀	**lizard** 도마뱀

❶ ❷ ❸	❶ ❷ ❸	❶ ❷ ❸	❶ ❷ ❸

0048	0049	0050
frog 개구리	**turtle** 거북	**spider** 거미

❶ ❷ ❸	❶ ❷ ❸	❶ ❷ ❸

spider	pet	snake	frog	bird
rabbit	cat	turtle	lizard	dog

A 들려주는 영어 단어를 보기 에서 찾아 쓰고, 단어에 알맞은 사진을 연결하세요.

1 _____ 2 _____ 3 _____ 4 _____

•   •   •   •

•   •   •   •

B 들려주는 영어 단어를 보기 에서 찾아 쓰고, 괄호 안에서 알맞은 뜻을 고르세요.

1
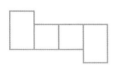

(개구리 / 토끼)

2
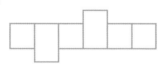

(거미 / 새)

3

(거북 / 애완동물)

4

(고양이 / 도마뱀)

5
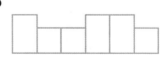

(거북 / 뱀)

6
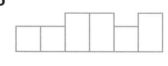

(개 / 토끼)

C 다음 우리말 뜻에 알맞은 영어 단어를 완성하세요.

1
b ☐ ☐ d

[새]

2
s ☐ ɑ ☐ e

[뱀]

3
☐ p ☐ er

[거미]

4
☐ ɑ ☐

[고양이]

5
r ☐ ☐ it

[토끼]

6
☐ ☐ t

[애완동물]

D 다음의 사다리를 따라간 후, 우리말에 해당하는 영어 단어를 쓰세요.

1 개구리   **2** 개   **3** 거북   **4** 도마뱀

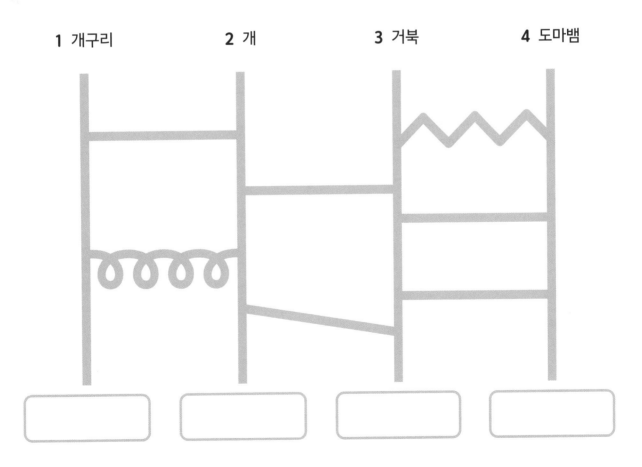

E 다음을 듣고 빈칸을 채워 문장을 완성한 후, 큰 소리로 따라하세요.

1 Today is ☐ Day.

오늘은 〈펫 데이〉입니다.

2 I have a ☐ and a ☐.

나는 개 한 마리와 고양이 한 마리를 가지고 있습니다.

3 Suji has a ☐ and its name is Birdy.

Suji는 새 한 마리를 가지고 있고 그것의 이름은 Birdy입니다.

4 Ben has a ☐.

Ben은 토끼 한 마리를 가지고 있습니다.

5 Lisa has a ☐ and a ☐.

Lisa는 뱀 한 마리와 도마뱀 한 마리를 가지고 있습니다.

6 Tom has a ☐ and a ☐.

Tom은 개구리 한 마리와 거북 한 마리를 가지고 있습니다.

7 All the kids love their ☐.

모든 아이들은 자신의 애완동물들을 사랑합니다.

📝 **Expressions**

- **today** : 오늘
- **have** : 가지고 있다
- **all** : 모든
- **love** : 사랑하다, 아주 좋아하다

F 다음 글을 읽고, 물음에 답하세요. 2번과 3번은 글에 쓰인 표현을 사용해 답하세요.

Pet Day

Today is Pet Day.

What pet do the kids have?

I have a dog and a cat.

Suji has a bird and its name is Birdy.

Ben has a rabbit.

Lisa has a snake and a lizard.

Tom has a frog and a turtle.

All the kids love their pets.

1. 이야기의 순서대로 그림 아래에 1 ~ 4의 숫자를 써넣으세요.

2. What pet do I have?

➡ I have a _____ and a _____.

3. What pet does Lisa have?

➡ She has a _____ and a _____.

Review

A 다음의 사진에 해당하는 영어 단어를 고르세요.

1

[morning / evening]

2

[adult / child]

3

[gentleman / people]

4

[lizard / turtle]

5

[brother / uncle]

6

[husband / wife]

B 다음 영어 단어와 우리말 뜻을 선으로 연결하세요.

	영어 단어			우리말 뜻
1	bird	•	•	오후
2	family	•	•	부모
3	afternoon	•	•	딸
4	pet	•	•	애완동물
5	evening	•	•	새
6	parents	•	•	저녁, 밤
7	daughter	•	•	가족

C 다음 사진에 해당하는 영어 단어를 보기 에서 골라 쓰세요.

보기

dog	night	sister	father
son	spider	hello	grandma

1

2

3

4

5

6

7

8

D 다음 우리말을 영어로 옮길 때, 빈칸에 알맞은 말을 보기 에서 골라 쓰세요.

보기

age	name	friend	meet	nice

1 그녀의 이름은 지수입니다. → Her _____ is Jisu.

2 나는 삼촌을 만납니다. → I _____ my uncle.

3 그는 나의 친구입니다. → He is my _____.

4 사람들은 친절합니다. → People are _____.

5 그들은 같은 나이입니다. → They are the same _____.

정답 및 해석 >> p40

Quick Check

● Day 05에서 학습한 단어들을 듣고 쓴 후, 그 단어의 우리말 뜻을 쓰세요.

1   ➡

2   ➡

3   ➡

4   ➡

5   ➡

6   ➡

7   ➡

8   ➡

9   ➡

10   ➡

✎ 틀린 단어 써보기

Wild Animals 야생 동물

 Step 1 듣고 따라하기

다음은 Day 06에서 공부할 10개의 단어입니다. 모든 단어는 세 번씩 읽어줍니다.
단어 아래 표기된 ❶, ❷, ❸에 ✓ 표시하며 큰 소리로 따라하세요.

0051 **animal** 동물	0052 **lion** 사자	0053 **tiger** 호랑이	0054 **dolphin** 돌고래

 ✓ ❷ ❸
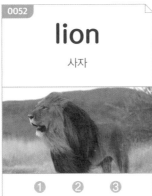 ❶ ❷ ❸
 ❶ ❷ ❸
 ❶ ❷ ❸

0055 **bear** 곰	0056 **wolf** 늑대	0057 **fox** 여우

 ❶ ❷ ❸
 ❶ ❷ ❸
 ❶ ❷ ❸

0058 **elephant** 코끼리	0059 **monkey** 원숭이	0060 **zebra** 얼룩말

 ❶ ❷ ❸
 ❶ ❷ ❸
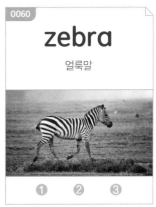 ❶ ❷ ❸

| tiger | bear | animal | wolf | dolphin |
| lion | zebra | monkey | fox | elephant |

A 들려주는 영어 단어를 [보기]에서 찾아 쓰고, 단어에 알맞은 사진을 연결하세요.

1 _____   2 _____   3 _____   4 _____

•   •   •   •

•   •   •   •

B 들려주는 영어 단어를 [보기]에서 찾아 쓰고, 괄호 안에서 알맞은 뜻을 고르세요.

1
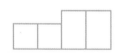
(곰 / 늑대)

2

(동물 / 원숭이)

3
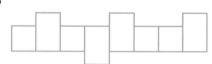
(얼룩말 / 코끼리)

4
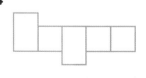
(사자 / 호랑이)

5
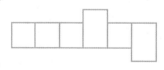
(여우 / 원숭이)

6
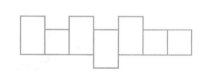
(돌고래 / 곰)

C 다음 우리말 뜻에 알맞은 영어 단어를 완성하세요.

1 ☐ o ☐

[여우]

2 t ☐ ☐ er

[호랑이]

3 d ☐ ☐ ☐ ☐ in

[돌고래]

4 ☐ i ☐ n

[사자]

5 ☐ ☐ l ☐

[늑대]

6 ☐ ☐ b ☐ a

[얼룩말]

D 다음의 사다리를 따라간 후, 우리말에 해당하는 영어 단어를 쓰세요.

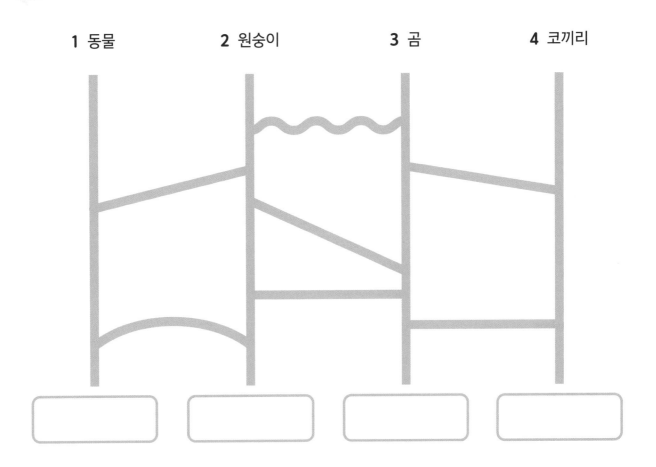

1 동물   **2** 원숭이   **3** 곰   **4** 코끼리

E   다음을 듣고 빈칸을 채워 문장을 완성한 후, 큰 소리로 따라하세요.

1 There are ☐ at the zoo.

동물원에 동물들이 있습니다.

2 There are ☐ and ☐ .

사자와 호랑이가 있습니다.

3 There are ☐ and ☐ .

원숭이와 코끼리가 있습니다.

4 There are ☐ in the water.

물속에 돌고래가 있습니다.

5 There are ☐ and ☐ .

얼룩말과 곰이 있습니다.

6 I say hello to ☐ .

나는 얼룩말에게 인사합니다.

📝 **Expressions**
- There is[are] ~ : ~가 있다
- zoo : 동물원
- water : 물
- say hello : 인사하다

F 다음 글을 읽고, 물음에 답하세요. 2번과 3번은 글에 쓰인 표현을 사용해 답하세요.

At the Zoo

I go to the zoo.

There are animals at the zoo.

There are lions and tigers.

There are monkeys and elephants.

There are dolphins in the water.

There are zebras and bears.

I love zebras.

I say hello to zebras.

1. 이야기의 순서대로 그림 아래에 1 ~ 4의 숫자를 써넣으세요.

2. Where do I go to?

➡ I go to the _____ .

3. What animal do I love?

➡ I love _____ .

정답 및 해석 >> p41

Quick Check

● Day 06에서 학습한 단어들을 듣고 쓴 후, 그 단어의 우리말 뜻을 쓰세요.

1 _____ ➡ _____

2 _____ ➡ _____

3 _____ ➡ _____

4 _____ ➡ _____

5 _____ ➡ _____

6 _____ ➡ _____

7 _____ ➡ _____

8 _____ ➡ _____

9 _____ ➡ _____

10 _____ ➡ _____

✎ 틀린 단어 써보기

DAY 07

Farm Animals 농장 동물

다음은 Day 07에서 공부할 10개의 단어입니다. 모든 단어는 세 번씩 읽어줍니다.
단어 아래 표기된 ❶, ❷, ❸에 ✓ 표시하며 큰 소리로 따라하세요.

0061	0062	0063
cow	**horse**	**pig**
소, 암소	말	돼지
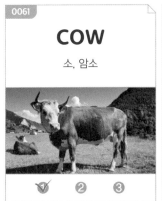		
✓ ❷ ❸	❶ ❷ ❸	❶ ❷ ❸

> **TIPS** Sheep은 여러 마리일 경우에도 Sheep으로 나타냅니다.

0064	0065	0066	0067
duck	**goose**	**hen**	**sheep**
오리	거위	암탉	양
	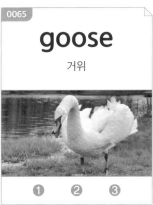		
❶ ❷ ❸	❶ ❷ ❸	❶ ❷ ❸	❶ ❷ ❸

> **TIPS** goose가 여러 마리일 경우에는 geese로 나타냅니다.

0068	0069	0070
goat	**donkey**	**tail**
염소	당나귀	꼬리
	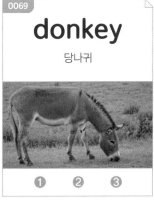	
❶ ❷ ❸	❶ ❷ ❸	❶ ❷ ❸

보기

goose	tail	cow	goat	horse
donkey	pig	hen	duck	sheep

A 들려주는 영어 단어를 보기 에서 찾아 쓰고, 단어에 알맞은 사진을 연결하세요.

1 _____ 2 _____ 3 _____ 4 _____

•   •   •   •

•   •   •   •

B 들려주는 영어 단어를 보기 에서 찾아 쓰고, 괄호 안에서 알맞은 뜻을 고르세요.

1

(돼지 / 소)

2

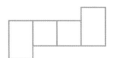

(말 / 염소)

3

(거위 / 닭)

4

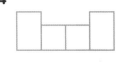

(닭 / 오리)

5

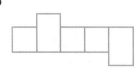

(양 / 염소)

6

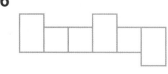

(말 / 당나귀)

C 다음 우리말 뜻에 알맞은 영어 단어를 완성하세요.

1
c ☐ ☐

[소, 암소]

2
du ☐ ☐

[오리]

3
d ☐ n ☐ ☐ y

[당나귀]

4
☐ o ☐ t

[염소]

5
s ☐ e ☐ p

[양]

6
g ☐ ☐ s

[거위]

D 다음의 사다리를 따라간 후, 우리말에 해당하는 영어 단어를 쓰세요.

| 1 돼지 | 2 말 | 3 암탉 | 4 꼬리 |

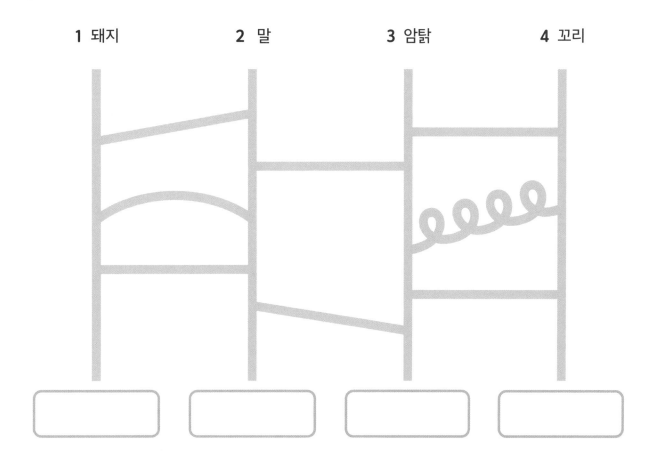

E   다음을 듣고 빈칸을 채워 문장을 완성한 후, 큰 소리로 따라하세요.

1 He has ⬚, horses, pigs, and ⬚.

그는 소, 말, 돼지, 그리고 양을 가지고 있습니다.

2 He has ⬚ and ⬚.

그는 암탉과 거위를 가지고 있습니다.

3 He has many ⬚.

그는 많은 오리를 가지고 있습니다.

4 He has ⬚.

그는 당나귀를 가지고 있습니다.

5 I love donkeys' ⬚.

나는 당나귀들의 꼬리를 아주 좋아합니다.

📝 **Expressions**

- **have** : 가지고 있다
- **many** : (수가) 많은
- **love** : 아주 좋아하다

F 다음 글을 읽고, 물음에 답하세요. 2번과 3번은 글에 쓰인 표현을 사용해 답하세요.

Uncle's Farm

I go to my uncle's farm.

There are many animals in his farm.

He has cows, horses, pigs, and sheep.

He has hens and geese.

He has many ducks.

He has donkeys, too.

I love their tails.

1. 이야기의 순서대로 그림 아래에 1 ~ 3의 숫자를 써넣으세요.

2. Where do I go?

→ I go to _____ _____ _____ .

3. What do I love?

→ I love donkeys' _____ .

정답 및 해석 >> p42

Quick Check

● Day 07에서 학습한 단어들을 듣고 쓴 후, 그 단어의 우리말 뜻을 쓰세요.

1   ➡

2   ➡

3   ➡

4   ➡

5   ➡

6   ➡

7   ➡

8   ➡

9   ➡

10   ➡

✎ 틀린 단어 써보기

DAY 08 Plants 식물

Step 1 들고 따라하기

다음은 Day 08에서 공부할 10개의 단어입니다. 모든 단어는 세 번씩 읽어줍니다.
단어 아래 표기된 ①, ②, ③에 ✓ 표시하며 큰 소리로 따라하세요.

0071
tree
나무

✓ ② ③

0072
root
뿌리
① ② ③

0073
trunk
나무의 몸통

① ② ③

0074
leaf
잎, 나뭇잎

① ② ③

0075
flower
꽃

① ② ③

0076
tulip
튤립

① ② ③

0077
rose
장미
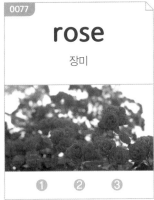
① ② ③

💡 TIPS leaf가 여러 개일 경우, leaves로 나타냅니다.
f로 끝나는 단어는 f를 v로 바꾸고 es를 붙여 여러 개라는 것을 표현합니다.

0078
bush
덤불

① ② ③

0079
grass
풀, 잔디
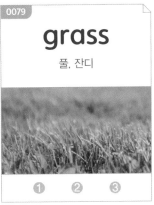
① ② ③

0080
pine tree
소나무

① ② ③

| flower | grass | rose | tree | pine tree |
| tulip | bush | root | leaf | trunk |

A 들려주는 영어 단어를 (보기)에서 찾아 쓰고, 단어에 알맞은 사진을 연결하세요.

1 _____

2 _____

3 _____

4 _____

• • • •

• • • •

B 들려주는 영어 단어를 (보기)에서 찾아 쓰고, 괄호 안에서 알맞은 뜻을 고르세요.

1
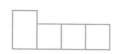
(나무 / 잔디)

2

(나무의 몸통 / 뿌리)

3
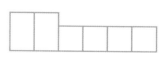
(꽃 / 나뭇잎)

4

(덤불 / 잔디)

5
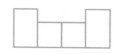
(뿌리 / 나뭇잎)

6
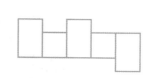
(장미 / 튤립)

C 다음 우리말 뜻에 알맞은 영어 단어를 완성하세요.

1
r ☐ ☐ t

[뿌리]

2
☐ o ☐ e

[장미]

3
t ☐ l ☐ p

[튤립]

4
tr ☐ ☐

[나무]

5
bu ☐ ☐

[덤불]

6
g ☐ a ☐ ☐

[풀, 잔디]

D 다음의 사다리를 따라간 후, 우리말에 해당하는 영어 단어를 쓰세요.

1 꽃   **2** 잎, 나뭇잎   **3** 소나무   **4** 나무의 몸통

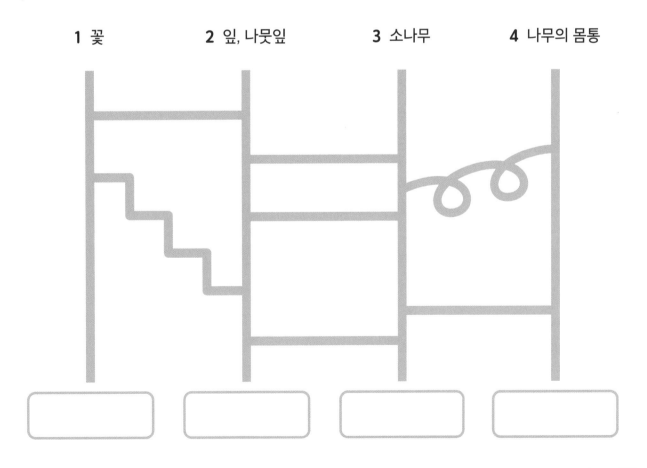

정답 및 해석 >> p42

E 다음을 듣고 빈칸을 채워 문장을 완성한 후, 큰 소리로 따라하세요.

1 There is a big [　　　　] in my garden.

　나의 정원에는 큰 나무가 있습니다.

2 It is a [　　　　]. It has green [　　　　].

　그것은 소나무입니다. 그것은 초록색 잎들을 가지고 있습니다.

3 There are [　　　　] in my garden.

　나의 정원에는 꽃들이 있습니다.

4 They are [　　　　] and [　　　　].

　그것들은 장미와 튤립입니다.

5 There is [　　　　] in my garden.

　나의 정원에는 잔디가 있습니다.

6 I play with my dog in the [　　　　].

　나는 잔디에서 나의 개와 놉니다.

📝 **Expressions**

- There is[are]~ : ~이 있다
- big : 큰
- garden : 정원
- play : 놀다

F 다음 글을 읽고, 물음에 답하세요. 2번과 3번은 글에 쓰인 표현을 사용해 답하세요.

My Garden

There is a big tree in my garden.

It is a pine tree. It has green leaves.

There are flowers in my garden.

They are roses and tulips.

There is grass in my garden.

I play with my dog in the grass.

1. 이야기의 순서대로 그림 아래에 1 ~ 3의 숫자를 써넣으세요.

 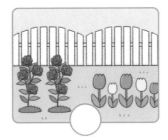 

2. What does the pine tree have?

➡ It has _____ _____.

3. Where do I play with my dog?

➡ I play with my dog _____.

정답 및 해석 >> p43

Quick Check

● Day 08에서 학습한 단어들을 듣고 쓴 후, 그 단어의 우리말 뜻을 쓰세요.

1 _____ ➡ _____

2 _____ ➡ _____

3 _____ ➡ _____

4 _____ ➡ _____

5 _____ ➡ _____

6 _____ ➡ _____

7 _____ ➡ _____

8 _____ ➡ _____

9 _____ ➡ _____

10 _____ ➡ _____

✎ 틀린 단어 써보기

_____

_____

_____

DAY 09 Fruits and Vegetables (1)
과일과 채소 (1)

Step 1 듣고 따라하기

다음은 Day 09에서 공부할 10개의 단어입니다. 모든 단어는 세 번씩 읽어줍니다.

단어 아래 표기된 ❶, ❷, ❸에 ✓ 표시하며 큰 소리로 따라하세요.

0081	0082	0083
fruit	**vegetable**	**apple**
과일	채소	사과
	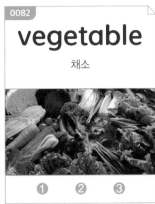	
✓ ❷ ❸	❶ ❷ ❸	❶ ❷ ❸

💡**TIPS** a grape는 포도 한 알을 나타냅니다.
사진과 같이 한 알 이상의 포도를 표현할 때는 grapes로 씁니다.

0084	0085	0086	0087
banana	**orange**	**grape**	**strawberry**
바나나	오렌지	포도	딸기

❶ ❷ ❸	❶ ❷ ❸	❶ ❷ ❸	❶ ❷ ❸

💡**TIPS** 토마토가 여러 개일 경우에는
tomatoes로 씁니다.

💡**TIPS** 딸기가 여러 개일 경우에는
strawberries로 씁니다.

0088	0089	0090
watermelon	**tomato**	**pear**
수박	토마토	배

❶ ❷ ❸	❶ ❷ ❸	❶ ❷ ❸

<blockquote>
보기
</blockquote>

| orange | fruit | banana | grape | strawberry |
| tomato | pear | vegetable | apple | watermelon |

A 들려주는 영어 단어를 (보기)에서 찾아 쓰고, 단어에 알맞은 사진을 연결하세요.

1 _____ 2 _____ 3 _____ 4 _____

•   •   •   •

•   •   •   •

B 들려주는 영어 단어를 (보기)에서 찾아 쓰고, 괄호 안에서 알맞은 뜻을 고르세요.

1

(과일 / 채소)

2

(딸기 / 바나나)

3
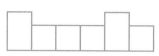
(배 / 토마토)

4
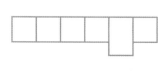
(오렌지 / 포도)

5
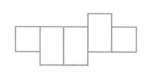
(사과 / 수박)

6
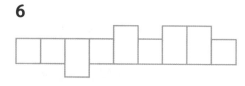
(과일 / 채소)

C 다음 우리말 뜻에 알맞은 영어 단어를 완성하세요.

1 a ☐ ☐ l   **2** o ☐ n e   **3** ☐ e ☐ t b l e

    [사과]   [오렌지]   [채소]

4 ☐ e ☐ r   **5** str ☐ ber ☐   **6** w ☐ te ☐ m ☐ l ☐ n

    [배]   [딸기]   [수박]

D 다음의 사다리를 따라간 후, 우리말에 해당하는 영어 단어를 쓰세요.

1 바나나   **2** 과일   **3** 토마토   **4** 포도

E 다음을 듣고 빈칸을 채워 문장을 완성한 후, 큰 소리로 따라하세요.

1 Do you like [   ] ? - No, I don't. I like [   ] .

당신은 사과를 좋아하나요?　　　　　　　아니요, 그렇지 않습니다. 나는 오렌지를 좋아합니다.

2 Do you like [   ] ? - No, I don't. I like [   ] .

당신은 바나나를 좋아하나요?　　　　　　아니요, 그렇지 않습니다. 나는 포도를 좋아합니다.

3 Do you like [   ] ? - No, I don't. I like [   ] .

당신은 딸기를 좋아하나요?　　　　　　　아니요, 그렇지 않습니다. 나는 수박을 좋아합니다.

4 Do you like [   ] ? - Yes, I do. I like every [   ] .

당신은 배를 좋아하나요?　　　　　　　네, 그렇습니다. 나는 모든 과일을 좋아합니다.

📝 **Expressions**
· like : 좋아하다
· every : 모든

F 다음 글을 읽고, 물음에 답하세요. 2번과 3번은 글에 쓰인 표현을 사용해 답하세요.

Do You Like Fruit?

Do you like apples, Andy?

No, I don't. I like oranges.

Do you like bananas, Suji?

No, I don't. I like grapes.

Do you like strawberries, Ben?

No, I don't. I like watermelons.

Do you like pears, Lisa?

Yes, I do. I like every fruit.

1. 이야기의 순서대로 그림 아래에 1 ～ 4의 숫자를 써넣으세요.

2. What fruit does Suji like?

➡ She likes _____.

3. What fruit does Ben like?

➡ He likes _____.

정답 및 해석 >> p44

Quick Check

● Day 09에서 학습한 단어들을 듣고 쓴 후, 그 단어의 우리말 뜻을 쓰세요.

1   →

2   →

3   →

4   →

5   →

6   →

7   →

8   →

9   →

10   →

✎ 틀린 단어 써보기

Fruits and Vegetables (2)
과일과 채소 (2)

학습한 날 : _____ / _____

Step 1 듣고 따라하기

다음은 Day 10에서 공부할 10개의 단어입니다. 모든 단어는 세 번씩 읽어줍니다.

단어 아래 표기된 ❶, ❷, ❸에 ✓ 표시하며 큰 소리로 따라하세요.

0091

potato
감자

❶ ❷ ❸

💡 **TIPS** 감자가 여러 개일 경우에는 potatoes로 씁니다.

0092

onion
양파

❶ ❷ ❸

0093

carrot
당근

❶ ❷ ❸

0094

mushroom
버섯

❶ ❷ ❸

0095

pumpkin
호박

❶ ❷ ❸

0096

bean
콩

❶ ❷ ❸

0097

cabbage
양배추

❶ ❷ ❸

0098

garlic
마늘

❶ ❷ ❸

0099

cucumber
오이

❶ ❷ ❸

0100

eggplant
가지

❶ ❷ ❸

| potato | bean | cabbage | garlic | eggplant |
| onion | pumpkin | carrot | mushroom | cucumber |

A 들려주는 영어 단어를 보기 에서 찾아 쓰고, 단어에 알맞은 사진을 연결하세요.

1 _____ **2** _____ **3** _____ **4** _____

• • • •

• • • •

B 들려주는 영어 단어를 보기 에서 찾아 쓰고, 괄호 안에서 알맞은 뜻을 고르세요.

1

(감자 / 당근)

2

(마늘 / 양파)

3

(콩 / 양배추)

4

(버섯 / 호박)

5

(양배추 / 가지)

6

(당근 / 오이)

C 다음 우리말 뜻에 알맞은 영어 단어를 완성하세요.

1 be ☐ ☐

[콩]

2 ☐ a ☐ b ☐ ge

[양배추]

3 c ☐ c ☐ m ☐ er

[오이]

4 ☐ ☐ i ☐ n

[양파]

5 p ☐ m ☐ k ☐ n

[호박]

6 m ☐ ☐ ☐ r ☐ om

[버섯]

D 다음의 사다리를 따라간 후, 우리말에 해당하는 영어 단어를 쓰세요.

1 감자 **2** 당근 **3** 마늘 **4** 가지

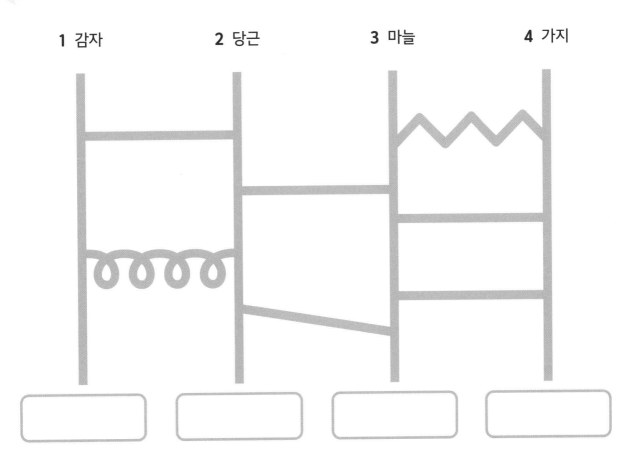

E　다음을 듣고 빈칸을 채워 문장을 완성한 후, 큰 소리로 따라하세요.

1　Andy does not eat ⬚ .

Andy는 당근을 먹지 않습니다.

2　Suji does not eat ⬚ .

Suji는 마늘을 먹지 않습니다.

3　Lisa does not eat ⬚ .

Lisa는 오이를 먹지 않습니다.

4　Ben does not eat ⬚ .

Ben은 가지를 먹지 않습니다.

5　They only eat ⬚ .

그들은 감자만 먹습니다.

Expressions
- eat : 먹다
- only : ~만, 단지

F   다음 글을 읽고, 물음에 답하세요. 2번과 3번은 글에 쓰인 표현을 사용해 답하세요.

They Do Not Eat Vegetables.

Do Andy and his friends like vegetables?

No, they don't. They do not eat vegetables.

Andy does not eat carrots.

Suji does not eat garlic.

Lisa does not eat cucumbers.

Ben does not eat eggplants.

They only eat potatoes.

1. 이야기의 순서대로 그림 아래에 1 ~ 4의 숫자를 써넣으세요.

2. What vegetable does Andy not eat?

➡ He does not eat _____.

3. What vegetable do Andy and his friends only eat?

➡ They only eat _____.

A 다음의 사진에 해당하는 영어 단어를 고르세요.

1

[sheep / goat]

2

[trunk / bush]

3

[watermelon / vegetable]

4

[cucumber / eggplant]

5

[wolf / elephant]

6

[cow / horse]

B 다음 영어 단어와 우리말 뜻을 선으로 연결하세요.

1	animal •	• 당근
2	onion •	• 잎, 나뭇잎
3	carrot •	• 풀, 잔디
4	garlic •	• 동물
5	leaf •	• 배
6	pear •	• 마늘
7	grass •	• 양파

C 다음 사진에 해당하는 영어 단어를 보기 에서 골라 쓰세요.

보기

apple	bear	rose	dolphin
tiger	pig	sheep	monkey

1
_____
_____

2
_____
_____

3
_____
_____

4
_____
_____

5
_____
_____

6
_____
_____

7
_____
_____

8
_____
_____

D 다음 우리말을 영어로 옮길 때, 빈칸에 알맞은 말을 보기 에서 골라 쓰세요.

보기

fruit	flower	tail	tree	vegetable

1 나무 한 그루가 있습니다. → There is a _____.

2 그 여자아이는 과일을 아주 좋아합니다. → The girl loves _____.

3 나는 꽃 한 송이를 가지고 있습니다. → I have a _____.

4 그 동물은 꼬리가 있습니다. → The animal has a _____.

5 양배추는 채소입니다. → Cabbage is a _____.

정답 및 해석 >> p46

Quick Check

● Day 10에서 학습한 단어들을 듣고 쓴 후, 그 단어의 우리말 뜻을 쓰세요.

1 _____ → _____

2 _____ → _____

3 _____ → _____

4 _____ → _____

5 _____ → _____

6 _____ → _____

7 _____ → _____

8 _____ → _____

9 _____ → _____

10 _____ → _____

🖎 틀린 단어 써보기

_____

_____

Food (1) 음식 (1)

학습한 날 : _____ / _____

Step > 1 듣고 따라하기

다음은 Day 11에서 공부할 10개의 단어입니다. 모든 단어는 세 번씩 읽어줍니다.
단어 아래 표기된 ❶, ❷, ❸에 ✓ 표시하며 큰 소리로 따라하세요.

0101
food
음식, 식품, 식량

✓❶ ❷ ❸

0102
breakfast
아침 식사

❶ ❷ ❸

0103
bread
빵

❶ ❷ ❸

0104
biscuit
비스킷

❶ ❷ ❸

0105
milk
우유
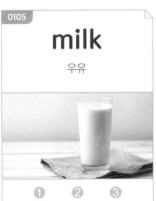
❶ ❷ ❸

0106
juice
주스

❶ ❷ ❸

0107
butter
버터

❶ ❷ ❸

0108
oil
기름

❶ ❷ ❸

0109
coffee
커피

❶ ❷ ❸

0110
rice
쌀, 밥
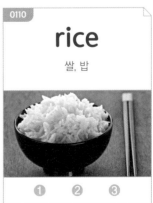
❶ ❷ ❸

juice	oil	biscuit	rice	breakfast
bread	milk	butter	food	coffee

A 들려주는 영어 단어를 [보기]에서 찾아 쓰고, 단어에 알맞은 사진을 연결하세요.

1 _____

2 _____

3 _____

4 _____

•   •   •   •

•   •   •   •

B 들려주는 영어 단어를 [보기]에서 찾아 쓰고, 괄호 안에서 알맞은 뜻을 고르세요.

1
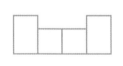
(음식 / 쌀)

2

(주스 / 커피)

3

(버터 / 비스킷)

4
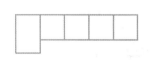
(우유 / 주스)

5
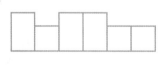
(빵 / 버터)

6
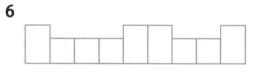
(아침 식사 / 식량)

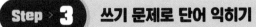

C 다음 우리말 뜻에 알맞은 영어 단어를 완성하세요.

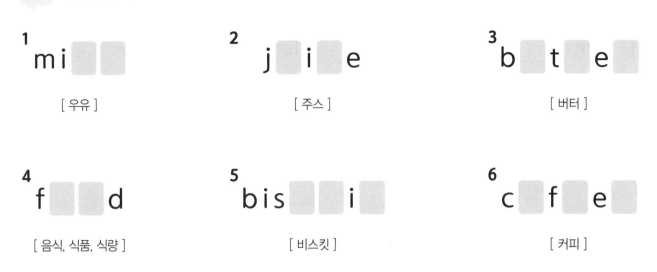

1 m i ☐ ☐

[유유]

2 j ☐ i ☐ e

[주스]

3 b ☐ t ☐ e ☐

[버터]

4 f ☐ ☐ d

[음식, 식품, 식량]

5 b i s ☐ ☐ i ☐

[비스킷]

6 c ☐ f ☐ e ☐

[커피]

D 다음의 사다리를 따라간 후, 우리말에 해당하는 영어 단어를 쓰세요.

1 기름   **2** 쌀, 밥   **3** 빵   **4** 아침 식사

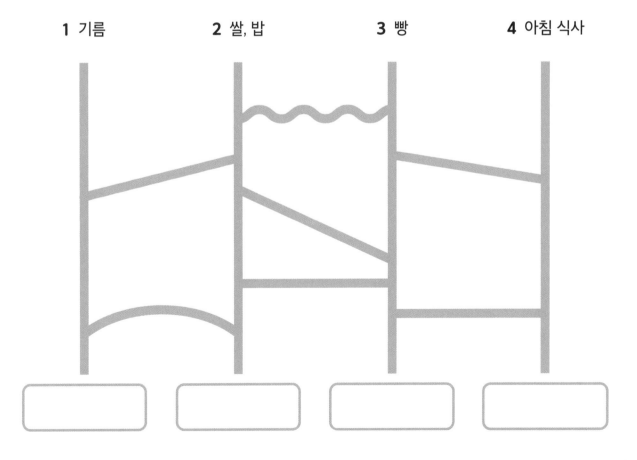

E 다음을 듣고 빈칸을 채워 문장을 완성한 후, 큰 소리로 따라하세요.

1 I eat [   ] and [   ] for breakfast.

나는 아침 식사로 버터 바른 빵을 먹습니다.

2 I drink [   ] for [   ].

나는 아침 식사로 우유를 마십니다.

3 My parents eat [   ] with [   ].

나의 부모님은 커피와 함께 비스킷을 드십니다.

4 I eat [   ] with side dishes for [   ].

나는 아침 식사로 반찬과 함께 밥을 먹습니다.

5 I drink orange [   ] for breakfast.

나는 아침 식사로 오렌지 주스를 마십니다.

📝 **Expressions**
- eat : 먹다
- bread and butter : 버터 바른 빵
- drink : 마시다
- with : ~와 함께
- side dish : 반찬

F 다음 글을 읽고, 물음에 답하세요. 2번과 3번은 글에 쓰인 표현을 사용해 답하세요.

What Do You Eat for Breakfast?

I eat bread and butter for breakfast.
Tom

I drink milk for breakfast.
Ben
My parents eat biscuits with coffee.

I eat rice with side dishes for breakfast.
Suji
I like eggs for side dishes.

I drink orange juice for breakfast.
Lisa

1. 이야기의 순서대로 그림 아래에 1 ~ 4의 숫자를 써넣으세요.

2. What does Tom eat for breakfast?

➡ He eats _____ for breakfast.

3. What do Ben's parents eat for breakfast?

➡ They eat _____ for breakfast.

정답 및 해석 >> p47

Quick Check

● Day 11에서 학습한 단어들을 듣고 쓴 후, 그 단어의 우리말 뜻을 쓰세요.

1 _____ ➡ _____

2 _____ ➡ _____

3 _____ ➡ _____

4 _____ ➡ _____

5 _____ ➡ _____

6 _____ ➡ _____

7 _____ ➡ _____

8 _____ ➡ _____

9 _____ ➡ _____

10 _____ ➡ _____

✎ 틀린 단어 써보기

_____

_____

_____

학습한 날: _____ / _____

Food (2) 음식 (2)

Step > 1 듣고 따라하기

다음은 Day 12에서 공부할 10개의 단어입니다. 모든 단어는 세 번씩 읽어줍니다.

단어 아래 표기된 ❶, ❷, ❸에 ✓ 표시하며 큰 소리로 따라하세요.

0111
lunch
점심 식사

☑ ❷ ❸

0112
sandwich
샌드위치
❶ ❷ ❸

0113
salad
샐러드
❶ ❷ ❸

0114
cheese
치즈

❶ ❷ ❸

0115
pizza
피자

❶ ❷ ❸

0116
hamburger
햄버거

❶ ❷ ❸

0117
cookie
쿠키

❶ ❷ ❸

0118
chocolate
초콜릿

❶ ❷ ❸

0119
salt
소금
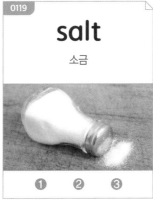
❶ ❷ ❸

0120
sugar
설탕

❶ ❷ ❸

보기

lunch	salad	pizza	sandwich	chocolate
cookie	sugar	salt	cheese	hamburger

A 들려주는 영어 단어를 (보기)에서 찾아 쓰고, 단어에 알맞은 사진을 연결하세요.

1 _____

2 _____

3 _____

4 _____

•   •   •   •

•   •   •   •

B 들려주는 영어 단어를 (보기)에서 찾아 쓰고, 괄호 안에서 알맞은 뜻을 고르세요.

1

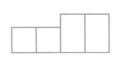

(설탕 / 소금)

2

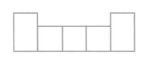

(샐러드 / 점심 식사)

3

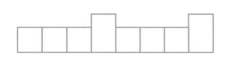

(샌드위치 / 피자)

4

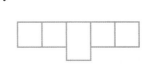

(설탕 / 소금)

5

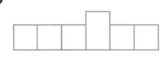

(초콜릿 / 쿠키)

6

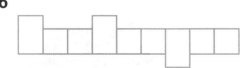

(치즈 / 햄버거)

C 다음 우리말 뜻에 알맞은 영어 단어를 완성하세요.

1 s l d

[샐러드]

2 c o i

[쿠키]

3 s nd ic

[샌드위치]

4 s l

[소금]

5 ch   e

[치즈]

6 c o ol

[초콜릿]

D 다음의 사다리를 따라간 후, 우리말에 해당하는 영어 단어를 쓰세요.

1 피자   **2** 설탕   **3** 점심 식사   **4** 햄버거

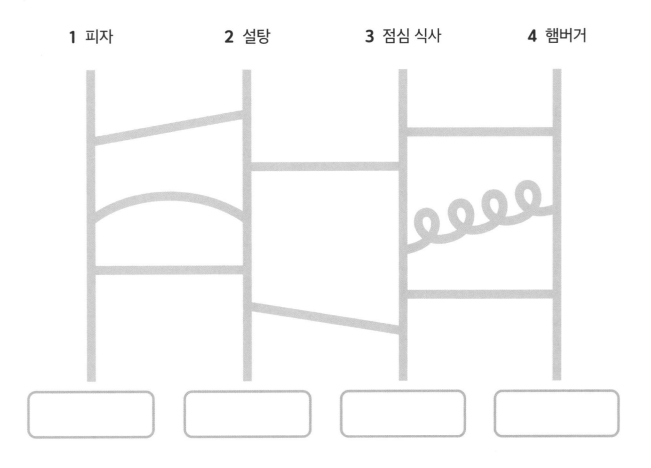

E 다음을 듣고 빈칸을 채워 문장을 완성한 후, 큰 소리로 따라하세요.

1 My friends eat [   ] at the school cafeteria.

나의 친구들은 학교 식당에서 점심을 먹습니다.

2 They eat [   ], [   ], and [   ].

그들은 피자, 샌드위치, 그리고 햄버거를 먹습니다.

3 Hamburgers have a lot of [   ] in them.

햄버거에는 많은 소금이 들어 있습니다.

4 My friends eat [   ] and [   ].

나의 친구들은 쿠키와 초콜릿을 먹습니다.

5 Cookies have a lot of [   ] in them.

쿠키에는 많은 설탕이 들어 있습니다.

6 I eat apples or bananas for [   ].

나는 점심 식사로 사과나 바나나를 먹습니다.

📝 **Expressions**
- eat : 먹다
- school cafeteria : 학교 식당
- have : 가지고 있다
- a lot of : 많은

F 다음 글을 읽고, 물음에 답하세요. 2번과 3번은 글에 쓰인 표현을 사용해 답하세요.

School Cafeteria

My school has a cafeteria.

My friends eat lunch at the school cafeteria.

They eat pizza, sandwiches, and hamburgers.

They have a lot of salt in them.

My friends eat cookies and chocolate.

They have a lot of sugar in them.

I do not eat them.

I eat apples or bananas for lunch.

1. 이야기의 순서대로 그림 아래에 1 ~ 3의 숫자를 써넣으세요.

2. What do my friends do in the school cafeteria?

➡ They _____ _____ in the school cafeteria.

3. What do pizza and cookies have in them?

➡ They have a lot of _____ and _____ in them.

정답 및 해석 >> p48

Quick Check

● Day 12에서 학습한 단어들을 듣고 쓴 후, 그 단어의 우리말 뜻을 쓰세요.

1 _____ ➡ _____

2 _____ ➡ _____

3 _____ ➡ _____

4 _____ ➡ _____

5 _____ ➡ _____

6 _____ ➡ _____

7 _____ ➡ _____

8 _____ ➡ _____

9 _____ ➡ _____

10 _____ ➡ _____

✍ 틀린 단어 써보기

_____

_____

_____

DAY 13 Food (3) 음식 (3)

Step 1 **듣고 따라하기**

다음은 Day 13에서 공부할 10개의 단어입니다. 모든 단어는 세 번씩 읽어줍니다.
단어 아래 표기된 ❶, ❷, ❸에 ✔ 표시하며 큰 소리로 따라하세요.

0121	**0122**	**0123**	**0124**
dinner	**soup**	**spaghetti**	**steak**
저녁 식사	수프	스파게티	스테이크

✔ ❷ ❸	❶ ❷ ❸	❶ ❷ ❸	❶ ❷ ❸

0125	**0126**	**0127**	**0128**
meat	**beef**	**chicken**	**fish**
고기, 육류	소고기	닭고기	생선, 물고기

❶ ❷ ❸	❶ ❷ ❸	❶ ❷ ❸	❶ ❷ ❸

0129	**0130**
choose	**finish**
고르다, 선택하다	끝나다, 끝내다, 다 먹다

❶ ❷ ❸	❶ ❷ ❸

보기

meat	soup	fish	dinner	choose
finish	beef	steak	chicken	spaghetti

A 들려주는 영어 단어를 보기에서 찾아 쓰고, 단어에 알맞은 사진을 연결하세요.

1 _____ 2 _____ 3 _____ 4 _____

•   •   •   •

•   •   •   •

B 들려주는 영어 단어를 보기에서 찾아 쓰고, 괄호 안에서 알맞은 뜻을 고르세요.

1
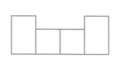
(소고기 / 닭고기)

2
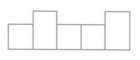
(수프 / 스테이크)

3
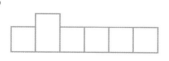
(고르다 / 닭고기)

4
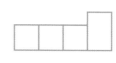
(생선 / 고기, 육류)

5
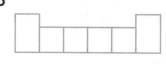
(끝나다 / 물고기)

6
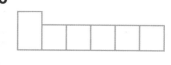
(소고기 / 저녁 식사)

C 다음 우리말 뜻에 알맞은 영어 단어를 완성하세요.

1 fi h

[생선, 물고기]

2 s u

[수프]

3 s a he ti

[스파게티]

4 be

[소고기]

5 d n r

[저녁 식사]

6 st k

[스테이크]

D 다음의 사다리를 따라간 후, 우리말에 해당하는 영어 단어를 쓰세요.

1 고기, 육류   **2** 끝나다, 끝내다, 다 먹다   **3** 고르다, 선택하다   **4** 닭고기

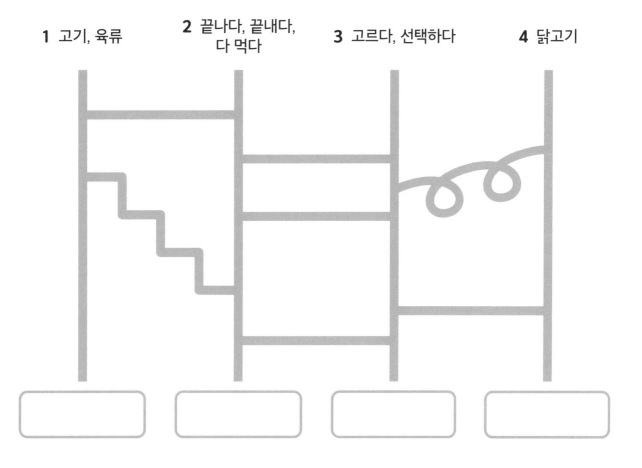

E 다음을 듣고 빈칸을 채워 문장을 완성한 후, 큰 소리로 따라하세요.

1 We ⬚ food for ⬚ .

우리는 저녁 식사를 위한 음식을 선택합니다.

2 My father likes ⬚ .

나의 아버지는 닭고기를 좋아합니다.

3 I ⬚ chicken with rice.

나는 밥과 함께 닭고기를 선택합니다.

4 She does not like ⬚ .

그녀는 소고기를 좋아하지 않습니다.

5 She chooses ⬚ with ⬚ .

그녀는 수프와 함께 생선을 선택합니다.

6 I choose ⬚ with rice and potatoes.

나는 밥과 감자와 함께 스테이크를 선택합니다.

📝 **Expressions**
- like : 좋아하다
- with : ~과 함께

F 다음 글을 읽고, 물음에 답하세요. 2번과 3번은 글에 쓰인 표현을 사용해 답하세요.

What Do You Choose for Dinner?

My family is at a restaurant.

We choose food for dinner.

My father likes chicken.

He chooses chicken with rice.

My mother does not like chicken.

She does not like beef.

She chooses fish with soup.

I choose steak with rice and potatoes.

All the food is good!

1. 이야기의 순서대로 그림 아래에 1 ~ 4의 숫자를 써넣으세요.

2. What does my father choose?

➡ He _____ with _____.

3. What does my mother choose?

➡ She _____ with _____.

정답 및 해석 >> p49

Quick Check

● Day 13에서 학습한 단어들을 듣고 쓴 후, 그 단어의 우리말 뜻을 쓰세요.

1   ➡

2   ➡

3   ➡

4   ➡

5   ➡

6   ➡

7   ➡

8   ➡

9   ➡

10   ➡

✎ 틀린 단어 써보기

학습한 날 : _____ / _____

Step 1 듣고 따라하기

다음은 Day 14에서 공부할 10개의 단어입니다. 모든 단어는 세 번씩 읽어줍니다.
단어 아래 표기된 ①, ②, ③에 ∨ 표시하며 큰 소리로 따라하세요.

💡TIPS 몸에 걸치는 모든 것은 wear를 사용하여 표현해요.(입다, 신다, 쓰다 등)

0131	0132	0133
wear	**clothes**	**coat**
입다, 착용하다	옷	외투, 코트

✓ ② ③	① ② ③	① ② ③

💡TIPS '옷'을 표현할 때는 cloth로 쓰지 않도록 주의하세요. cloth는 '천, 옷감'이라는 뜻으로 쓰여요.

0134	0135	0136	0137
shirt	**sweater**	**skirt**	**dress**
셔츠	스웨터	치마	원피스, 드레스

① ② ③	① ② ③	① ② ③	① ② ③

💡TIPS '바지' 종류를 나타내는 표현들인 pants, jeans, shorts는 모두 끝에 s를 붙인 형태로 사용해요.

0138	0139	0140
pants	**jeans**	**shorts**
바지	청바지	반바지

① ② ③	① ② ③	① ② ③

보기

| dress | skirt | pants | shirt | clothes |
| jeans | coat | shorts | wear | sweater |

A 들려주는 영어 단어를 보기에서 찾아 쓰고, 단어에 알맞은 사진을 연결하세요.

1 _____

2 _____

3 _____

4 _____

• • • •

• • • •

B 들려주는 영어 단어를 보기에서 찾아 쓰고, 괄호 안에서 알맞은 뜻을 고르세요.

1
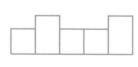
(바지 / 치마)

2
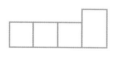
(입다 / 외투)

3
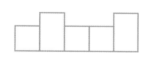
(스웨터 / 셔츠)

4
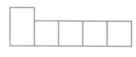
(원피스 / 청바지)

5
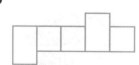
(바지 / 옷)

6
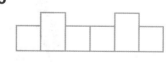
(셔츠 / 반바지)

Step 3 쓰기 문제로 단어 익히기

C 다음 우리말 뜻에 알맞은 영어 단어를 완성하세요.

1 ☐ o ☐ t

[외투, 코트]

2 s ☐ or ☐ ☐

[반바지]

3 s ☐ ☐ ☐ t ☐ r

[스웨터]

4 sk ☐ ☐ t

[치마]

5 ☐ ☐ e ☐ n ☐

[청바지]

6 clo ☐ ☐ e ☐

[옷]

D 다음의 사다리를 따라간 후, 우리말에 해당하는 영어 단어를 쓰세요.

1 셔츠   **2** 입다, 착용하다   **3** 바지   **4** 원피스, 드레스

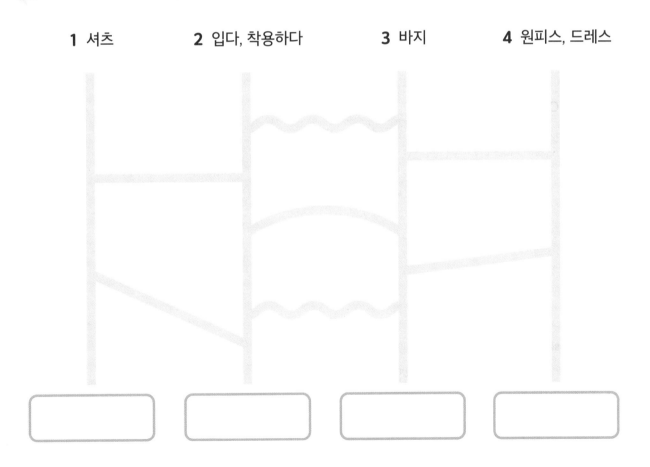

정답 및 해석 >> p49

DAY 14 Clothes (1) **091**

E 다음을 듣고 빈칸을 채워 문장을 완성한 후, 큰 소리로 따라하세요.

1 Suji can't choose her [   ].

Suji는 그녀의 옷을 고르지 못합니다.

2 What do I [   ]?

저는 무엇을 입을까요?

3 You have a [   ] and a [   ].

당신은 셔츠와 치마를 가지고 있습니다.

4 I do not want to [   ] a skirt.

나는 치마를 입고 싶지 않습니다.

5 You have a [   ] and [   ].

당신은 스웨터와 바지를 가지고 있습니다.

6 You do not have a [   ].

당신은 원피스를 가지고 있지 않습니다.

📝 **Expressions**

- can't ~ : ~할 수 없다 (can ~ : ~할 수 있다)
- have : 가지고 있다
- want : 원하다

F 다음 글을 읽고, 물음에 답하세요. 2번과 3번은 글에 쓰인 표현을 사용해 답하세요.

What Do I Wear?

Suji can't choose her clothes.

Suji   Mom. Can you help me? What do I wear?

Mom   You have a shirt and a skirt.

Suji   I do not want to wear them.

Mom   Hmm. You have a sweater and pants.

Suji   I do not want to wear them. Do I have a dress?

Mom   No, you do not have a dress.

Suji   Oh, no. Mom, what do I wear?

1. 이야기의 순서대로 그림 아래에 1 ~ 3의 숫자를 써넣으세요.

2. What can't Suji do?

➡ She can't _____ _____ _____.

3. What does Suji not have?

➡ She does not _____ _____ _____.

정답 및 해석 >> p50

Quick Check

● Day 14에서 학습한 단어들을 듣고 쓴 후, 그 단어의 우리말 뜻을 쓰세요.

1   ➡

2   ➡

3   ➡

4   ➡

5   ➡

6   ➡

7   ➡

8   ➡

9   ➡

10   ➡

✏️ 틀린 단어 써보기

DAY 15

Clothes (2) 옷 (2)

Step 1 　듣고 따라하기

다음은 Day 15에서 공부할 10개의 단어입니다. 모든 단어는 세 번씩 읽어줍니다.

단어 아래 표기된 ❶, ❷, ❸에 ✔ 표시하며 큰 소리로 따라하세요.

0141
cap
(앞으로 긴 챙이 있는) 모자

✔ ❷ ❸

0142
hat
모자

❶ ❷ ❸

0143
button
단추

❶ ❷ ❸

💡TIPS　cap은 앞으로 긴 챙이 있는 모자를, hat은 전체에 둥근 챙이 있는 모자를 가리켜요.

0144
pocket
주머니

❶ ❷ ❸

0145
glasses
안경

❶ ❷ ❸

0146
tie
넥타이; 묶다

❶ ❷ ❸

0147
ribbon
리본

❶ ❷ ❸

💡TIPS　glasses, gloves, socks, shoes는 짝을 이루어 쓰이는 것들이에요. 이들 중, gloves, socks, shoes의 경우
내용상 짝을 지은 형태가 아닌 한 짝만 가리킨다면 a glove, a sock, a shoe로 쓰면 돼요.

0148
gloves
장갑

❶ ❷ ❸

0149
socks
양말

❶ ❷ ❸

0150
shoes
신발

❶ ❷ ❸

보기

socks	gloves	tie	button	hat
shoes	ribbon	cap	glasses	pocket

A 들려주는 영어 단어를 보기 에서 찾아 쓰고, 단어에 알맞은 사진을 연결하세요.

1 _____   **2** _____   **3** _____   **4** _____

•   •   •   •

•   •   •   •

B 들려주는 영어 단어를 보기 에서 찾아 쓰고, 괄호 안에서 알맞은 뜻을 고르세요.

1

(모자 / 넥타이; 묶다)

2

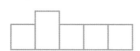

(신발 / 양말)

3

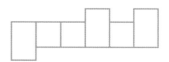

(주머니 / 단추)

4

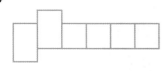

(모자 / 장갑)

5

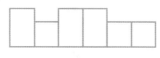

(리본 / 단추)

6

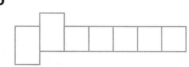

(안경 / 양말)

Step 3 쓰기 문제로 단어 익히기

C 다음 우리말 뜻에 알맞은 영어 단어를 완성하세요.

1
h ☐ ☐

[모자]

2
c ☐ ☐

[(앞으로 긴 챙이 있는) 모자]

3
b ☐ t ☐ o ☐

[단추]

4
t ☐ ☐

[넥타이; 묶다]

5
p ☐ c ☐ ☐ t

[주머니]

6
r ☐ b ☐ o ☐

[리본]

D 다음의 사다리를 따라간 후, 우리말에 해당하는 영어 단어를 쓰세요.

1 신발　　　　**2** 장갑　　　　**3** 양말　　　　**4** 안경

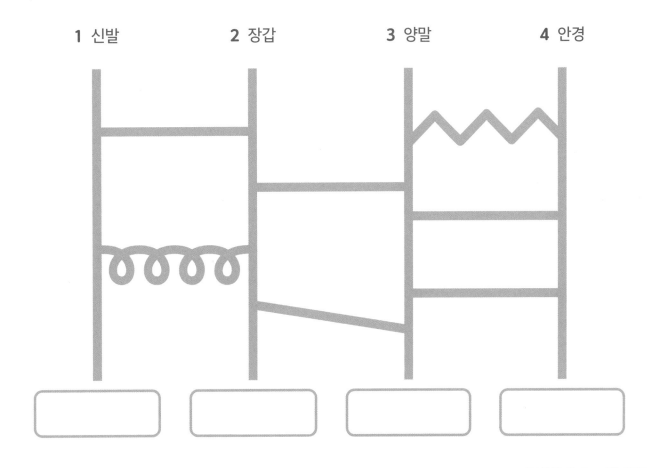

E 다음을 듣고 빈칸을 채워 문장을 완성한 후, 큰 소리로 따라하세요.

1 He wears red pants with two _____ .

그는 두 개의 단추가 달린 빨간색 바지를 입습니다.

2 He wears yellow _____ .

그는 노란색 신발을 신습니다.

3 She wears a red _____ and yellow _____ .

그녀는 빨간색 리본을 달고 노란색 신발을 신습니다.

4 He wears a blue _____ and a red bow _____ .

그는 파란색 모자를 쓰고 빨간색 나비넥타이를 맵니다.

5 He wears _____ and a red bow tie.

그는 안경을 쓰고 빨간색 나비넥타이를 맵니다.

📝 **Expressions**
- red : 빨간색의
- with : ~와 함께, ~이 달린
- yellow : 노란색의
- blue : 파란색의
- bow tie : 나비넥타이

F   다음 글을 읽고, 물음에 답하세요. 2번과 3번은 글에 쓰인 표현을 사용해 답하세요.

What Character Do You Like?

 Andy   I like Mickey Mouse.

He wears red pants with two buttons.

He wears yellow shoes.

 Ben   I like Snow White.

She wears a red ribbon and yellow shoes.

 Suji   I like Donald Duck.

He wears a blue hat and a red bow tie.

 Tom   I like Detective Conan.

He wears glasses and a red bow tie.

1. 이야기의 순서대로 그림 아래에 1 ~ 4의 숫자를 써넣으세요.

 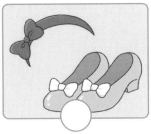  

2. Who wears yellow shoes?

➡ _____ _____ and _____ _____ wear yellow shoes.

3. What does Detective Conan wear?

➡ He wears _____ and a _____ _____ _____.

A 다음의 사진에 해당하는 영어 단어를 고르세요.

1

[coat / jeans]

2

[tie / pocket]

3

[sweater / shorts]

4

[skirt / shirt]

5

[choose / wear]

6

[meat / soup]

B 다음 영어 단어와 우리말 뜻을 선으로 연결하세요.

1	clothes	•	• 입다
2	breakfast	•	• 저녁 식사
3	gloves	•	• 쌀, 밥
4	button	•	• 아침 식사
5	dinner	•	• 단추
6	wear	•	• 옷
7	rice	•	• 장갑

C 다음 사진에 해당하는 영어 단어를 보기에서 골라 쓰세요.

보기

hat	dress	sugar	chicken
fish	pants	socks	glasses

1

_____

_____

2

_____

_____

3

_____

_____

4

_____

_____

5

_____

_____

6

_____

_____

7

_____

_____

8

_____

_____

D 다음 우리말을 영어로 옮길 때, 빈칸에 알맞은 말을 보기에서 골라 쓰세요.

보기

lunch	bread	shoes	finish	food

1 나는 이 음식을 아주 좋아합니다. ➡ I love this _____ .

2 그는 12시에 점심을 먹습니다. ➡ He eats _____ at 12.

3 나의 아버지는 빵을 가지고 있습니다. ➡ My father has _____ .

4 그 아기는 빨간 신발을 신습니다. ➡ The baby wears red _____ .

5 우리는 그 피자를 다 먹습니다. ➡ We _____ the pizza.

정답 및 해석 >> p52

Quick Check

● Day 15에서 학습한 단어들을 듣고 쓴 후, 그 단어의 우리말 뜻을 쓰세요.

1 _____ ➡ _____

2 _____ ➡ _____

3 _____ ➡ _____

4 _____ ➡ _____

5 _____ ➡ _____

6 _____ ➡ _____

7 _____ ➡ _____

8 _____ ➡ _____

9 _____ ➡ _____

10 _____ ➡ _____

✎ 틀린 단어 써보기

_____

_____

_____

Face 얼굴

 Step > 1 듣고 따라하기

다음은 Day 16에서 공부할 10개의 단어입니다. 모든 단어는 세 번씩 읽어줍니다.
단어 아래 표기된 ❶, ❷, ❸에 ✓ 표시하며 큰 소리로 따라하세요.

0151
face
얼굴; 마주보다

✓ ❷ ❸

0152
eye
눈

❶ ❷ ❸

0153
nose
코

❶ ❷ ❸

0154
mouth
입

❶ ❷ ❸

0155
ear
귀

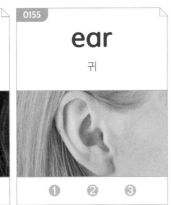

❶ ❷ ❸

0156
cheek
뺨

❶ ❷ ❸

0157
head
머리

❶ ❷ ❸

💡TIPS 하나의 이나 이빨을 가리킬 때는 tooth로 쓰고,
여러 개일 때는 teeth로 씁니다.

0158
hair
머리카락

❶ ❷ ❸

0159
lip
입술

❶ ❷ ❸

0160
tooth
이, 이빨

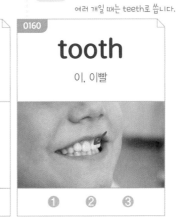

❶ ❷ ❸

보기

| lip | eye | face | head | mouth |
| ear | hair | nose | tooth | cheek |

A 들려주는 영어 단어를 보기 에서 찾아 쓰고, 단어에 알맞은 사진을 연결하세요.

1 _____   2 _____   3 _____   4 _____

•   •   •   •

•   •   •   •

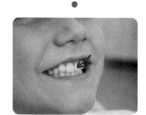      

B 들려주는 영어 단어를 보기 에서 찾아 쓰고, 괄호 안에서 알맞은 뜻을 고르세요.

1

(코 / 눈)

2
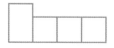
(얼굴 / 귀)

3
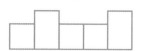
(이 / 뺨)

4

(입술 / 눈)

5

(귀 / 머리)

6

(머리카락 / 입)

C 다음 우리말 뜻에 알맞은 영어 단어를 완성하세요.

1 ☐ i ☐

[입술]

2 n ☐ ☐ e

[코]

3 c ☐ ☐ e

[뺨]

4 e ☐ ☐

[귀]

5 h ☐ ☐ ☐

[머리카락]

6 ☐ o o ☐ ☐

[이, 이빨]

D 다음의 사다리를 따라간 후, 우리말에 해당하는 영어 단어를 쓰세요.

1 입   **2** 머리   **3** 얼굴; 마주보다   **4** 눈

E 다음을 듣고 빈칸을 채워 문장을 완성한 후, 큰 소리로 따라하세요.

1 Look at her [   ].

그녀의 얼굴을 보세요.

2 She has big [   ].

그녀는 큰 눈을 가지고 있습니다.

3 My sister has brown [   ].

나의 여동생은 갈색 머리카락을 가지고 있습니다.

4 My sister's [   ], [   ], and [   ] are small.

나의 여동생의 코, 입, 그리고 입술은 작습니다.

5 She has two [   ].

그녀는 이를 두 개 가지고 있습니다.

📖 **Expressions**

- look at ~ : ~을 보다
- big : 큰
- brown : 갈색의
- small : 작은

F 다음 글을 읽고, 물음에 답하세요. 2번과 3번은 글에 쓰인 표현을 사용해 답하세요.

My Baby Sister

I have a baby sister.

Look at her face!

She has big eyes.

Who has big eyes? Dad has big eyes!

My sister has brown hair.

Who has brown hair? Mom has brown hair!

My sister's nose, mouth, and lips are small.

Oh! She has two teeth!

---

1. 이야기의 순서대로 그림 아래에 1 ~ 3의 숫자를 써넣으세요.

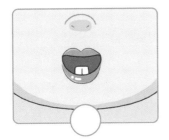  

2. How are my sister's eyes?

➡ Her eyes are _____.

3. How many teeth does my sister have?

➡ She has _____ _____.

정답 및 해석 >> p53

Quick Check

● Day 16에서 학습한 단어들을 듣고 쓴 후, 그 단어의 우리말 뜻을 쓰세요.

1   →

2   →

3   →

4   →

5   →

6   →

7   →

8   →

9   →

10   →

✍ 틀린 단어 써보기

DAY 17 Body 신체

Step 1 듣고 따라하기

다음은 Day 17에서 공부할 10개의 단어입니다. 모든 단어는 세 번씩 읽어줍니다.
단어 아래 표기된 ❶, ❷, ❸에 ✓ 표시하며 큰 소리로 따라하세요.

0161
body
몸, 신체

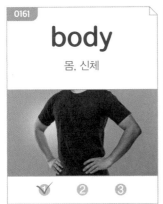

✓ ❷ ❸

0162
neck
목

❶ ❷ ❸

0163
arm
팔

❶ ❷ ❸

0164
hand
손; 건네주다

❶ ❷ ❸

0165
finger
손가락

❶ ❷ ❸

0166
back
등; 뒤로, 다시

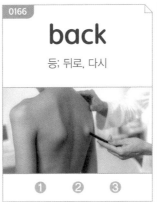

❶ ❷ ❸

0167
leg
다리

❶ ❷ ❸

💡 **TIPS** 하나 이상의 발을 표현할 때에는 feet으로 씁니다.

0168
knee
무릎

❶ ❷ ❸

0169
foot
발

❶ ❷ ❸

0170
skin
피부

❶ ❷ ❸

보기

| back | leg | neck | arm | hand |
| knee | foot | body | skin | finger |

A 들려주는 영어 단어를 보기 에서 찾아 쓰고, 단어에 알맞은 사진을 연결하세요.

1 _____

2 _____

3 _____

4 _____

• • • •

• • • •

B 들려주는 영어 단어를 보기 에서 찾아 쓰고, 괄호 안에서 알맞은 뜻을 고르세요.

1
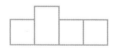

(피부 / 손)

2
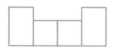

(다리 / 발)

3
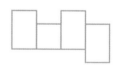

(목 / 몸)

4
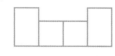

(등 / 팔)

5
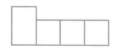

(목 / 무릎)

6
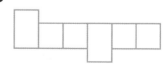

(손가락 / 다리)

C 다음 우리말 뜻에 알맞은 영어 단어를 완성하세요.

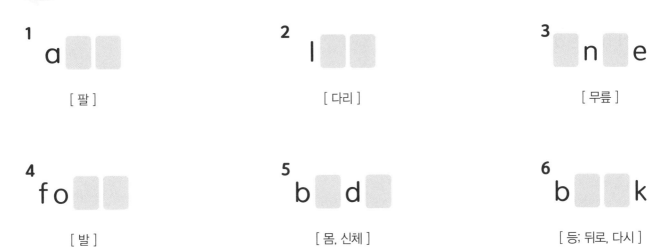

1
a ☐ ☐

[팔]

2
l ☐ ☐

[다리]

3
☐ n ☐ e

[무릎]

4
f o ☐ ☐

[발]

5
b ☐ d ☐

[몸, 신체]

6
b ☐ ☐ k

[등; 뒤로, 다시]

D 다음의 사다리를 따라간 후, 우리말에 해당하는 영어 단어를 쓰세요.

1 손가락　　　　**2** 손; 건네주다　　　　**3** 목　　　　**4** 피부

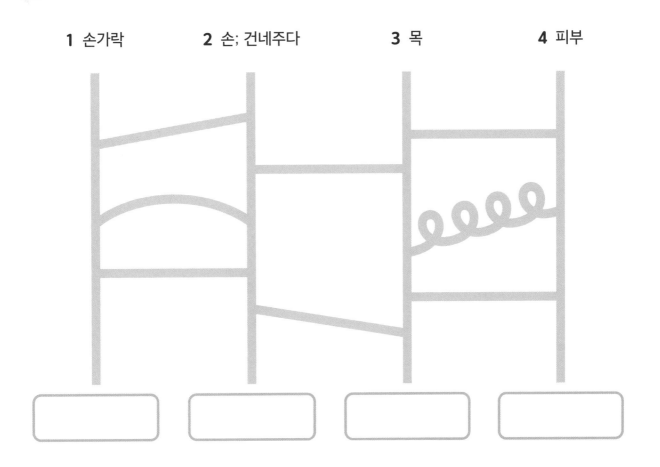

E 다음을 듣고 빈칸을 채워 문장을 완성한 후, 큰 소리로 따라하세요.

1 I have a big [   ].

나는 커다란 몸을 가지고 있습니다.

2 I have big [   ].

나는 커다란 발을 가지고 있습니다.

3 I have gray [   ].

나는 회색 피부를 가지고 있습니다.

4 I have strong [   ].

나는 튼튼한 다리를 가지고 있습니다.

5 I do not have [   ] and [   ].

나는 팔과 손이 없습니다.

📑 **Expressions**
- big : 커다란, 큰
- gray : 회색의
- strong : 튼튼한

F 다음 글을 읽고, 물음에 답하세요. 2번과 3번은 글에 쓰인 표현을 사용해 답하세요.

Who Am I?

I have a big body.

I have big feet.

I have gray skin.

I have strong legs.

I do not have arms and hands.

But I have a long nose.

I am an elephant.

1. 이야기의 순서대로 그림 아래에 1 ~ 3의 숫자를 써넣으세요.

 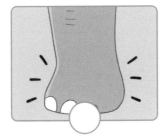 

2. What color of skin does an elephant have?

➡ An elephant has _____ _____.

3. What does an elephant not have?

➡ An elephant does not have _____ and _____.

정답 및 해석 >> p54

Quick Check

● Day 17에서 학습한 단어들을 듣고 쓴 후, 그 단어의 우리말 뜻을 쓰세요.

1 _____ → _____

2 _____ → _____

3 _____ → _____

4 _____ → _____

5 _____ → _____

6 _____ → _____

7 _____ → _____

8 _____ → _____

9 _____ → _____

10 _____ → _____

✏️ 틀린 단어 써보기

_____

_____

_____

DAY 18

Numbers (1) 숫자 (1)

Step 1 듣고 따라하기

다음은 Day 18에서 공부할 10개의 단어입니다. 모든 단어는 세 번씩 읽어줍니다.
단어 아래 표기된 ❶, ❷, ❸에 ✓ 표시하며 큰 소리로 따라하세요.

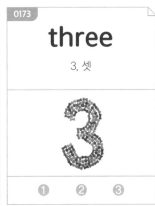

0171 **one** 1. 하나

0172 **two** 2. 둘

0173 **three** 3. 셋

0174 **four** 4. 넷

0175 **five** 5. 다섯

0176 **six** 6. 여섯

0177 **seven** 7. 일곱

0178 **eight** 8. 여덟

0179 **nine** 9. 아홉

0180 **ten** 10. 열

| ten | six | four | five | seven |
| two | one | nine | eight | three |

A 들려주는 영어 단어를 보기 에서 찾아 쓰고, 단어에 알맞은 사진을 연결하세요.

1 _____   2 _____   3 _____   4 _____

    •   •   •   •

    •   •   •   •

6   1   9   7

B 들려주는 영어 단어를 보기 에서 찾아 쓰고, 괄호 안에서 알맞은 뜻을 고르세요.

1

(열 / 하나)

2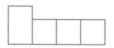

(다섯 / 여섯)

3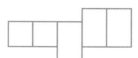

(여섯 / 여덟)

4

(둘 / 열)

5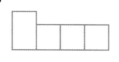

(넷 / 아홉)

6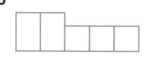

(셋 / 일곱)

C 다음 우리말 뜻에 알맞은 영어 단어를 완성하세요.

1
t ☐☐

[2, 둘]

2
☐ o r

[4, 넷]

3
s ☐☐☐ n

[7, 일곱]

4
si ☐

[6, 여섯]

5
f ☐☐ e

[5, 다섯]

6
ei ☐☐☐

[8, 여덟]

D 다음의 사다리를 따라간 후, 우리말에 해당하는 영어 단어를 쓰세요.

1 셋   **2 하나**   **3 아홉**   **4 열**

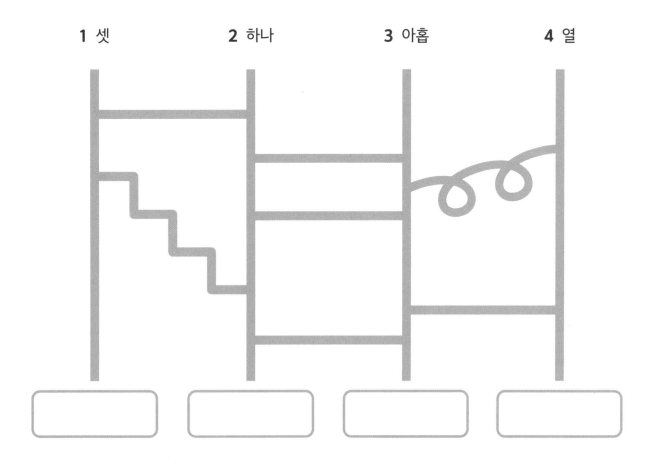

E 다음을 듣고 빈칸을 채워 문장을 완성한 후, 큰 소리로 따라하세요.

1 [_____], [_____], three. There are [_____] lions.

하나, 둘, 셋. 사자 세 마리가 있습니다.

2 One, two, three, [_____], [_____], six.

하나, 둘, 셋, 넷, 다섯, 여섯.

3 There are [_____] rabbits.

토끼 여섯 마리가 있습니다.

4 One, two, three, four, five, six, [_____], [_____], nine.

하나, 둘, 셋, 넷, 다섯, 여섯, 일곱, 여덟, 아홉.

5 Are there [_____] elephants?

아홉 마리의 코끼리가 있나요?

6 There are [_____] elephants.

코끼리 열 마리가 있습니다.

📝 Expressions

· There is[are] ~ : ~이 있다
· Is[Are] there ~? : ~이 있니?

F　다음 글을 읽고, 물음에 답하세요. 2번과 3번은 글에 쓰인 표현을 사용해 답하세요.

How Many?

How many lions are there?

One, two, three. There are three lions!

How many rabbits are there?

One, two, three, four, five, six. There are six rabbits!

How many bears are there?

One, two, three, four, five, six, seven, eight, nine.

There are nine bears!

Are there nine elephants?

No! There are ten elephants!

1. 이야기의 순서대로 그림 아래에 1 ∼ 4의 숫자를 써넣으세요.

 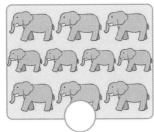  

2. How many rabbits are there?

➡ There are _____ _____ .

3. How many lions and bears are there?

➡ There are _____ _____ and _____ _____ .

정답 및 해석 >> p55

Quick Check

● Day 18에서 학습한 단어들을 듣고 쓴 후, 그 단어의 우리말 뜻을 쓰세요.

1 　　　　　　　　　　　➡　　　　　　　　　　　

2 　　　　　　　　　　　➡　　　　　　　　　　　

3 　　　　　　　　　　　➡　　　　　　　　　　　

4 　　　　　　　　　　　➡　　　　　　　　　　　

5 　　　　　　　　　　　➡　　　　　　　　　　　

6 　　　　　　　　　　　➡　　　　　　　　　　　

7 　　　　　　　　　　　➡　　　　　　　　　　　

8 　　　　　　　　　　　➡　　　　　　　　　　　

9 　　　　　　　　　　　➡　　　　　　　　　　　

10 　　　　　　　　　　　➡　　　　　　　　　　　

✎ 틀린 단어 써보기

Numbers (2) 숫자 (2)

 듣고 따라하기

다음은 Day 19에서 공부할 10개의 단어입니다. 모든 단어는 세 번씩 읽어줍니다.
단어 아래 표기된 ❶, ❷, ❸에 ✓ 표시하며 큰 소리로 따라하세요.

0181 eleven 11, 열하나	0182 twelve 12, 열둘	0183 thirteen 13, 열셋

✓ ❷ ❸	❶ ❷ ❸	❶ ❷ ❸

0184 fourteen 14, 열넷	0185 fifteen 15, 열다섯	0186 sixteen 16, 열여섯	0187 seventeen 17, 열일곱

❶ ❷ ❸	❶ ❷ ❸	❶ ❷ ❸	❶ ❷ ❸

0188 eighteen 18, 열여덟	0189 nineteen 19, 열아홉	0190 twenty 20, 스물

❶ ❷ ❸	❶ ❷ ❸	❶ ❷ ❸

| sixteen | eleven | fourteen | twelve | nineteen |
| thirteen | fifteen | eighteen | twenty | seventeen |

A 들려주는 영어 단어를 보기 에서 찾아 쓰고, 단어에 알맞은 사진을 연결하세요.

1 _____ 2 _____ 3 _____ 4 _____

• • • •

• • • •

B 들려주는 영어 단어를 보기 에서 찾아 쓰고, 괄호 안에서 알맞은 뜻을 고르세요.

1

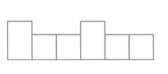

(스물 / 열둘)

2

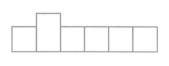

(열하나 / 열일곱)

3

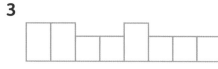

(열셋 / 열넷)

4

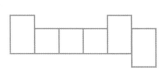

(열둘 / 스물)

5

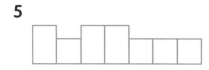

(열다섯 / 열넷)

6

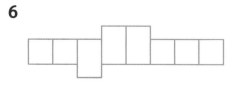

(열아홉 / 열여덟)

C 다음 우리말 뜻에 알맞은 영어 단어를 완성하세요.

1 fi ☐ ☐ een

[15, 열다섯]

2 t ☐ e ☐ ☐

[20, 스물]

3 n ☐ n te ☐ n

[19, 열아홉]

4 t ☐ e ☐ e

[12, 열둘]

5 ☐ ☐ e ☐ en

[11, 열하나]

6 fo ☐ r e ☐ ☐

[14, 열넷]

D 다음의 사다리를 따라간 후, 우리말에 해당하는 영어 단어를 쓰세요.

1 열일곱   **2** 열셋   **3** 열여덟   **4** 열여섯

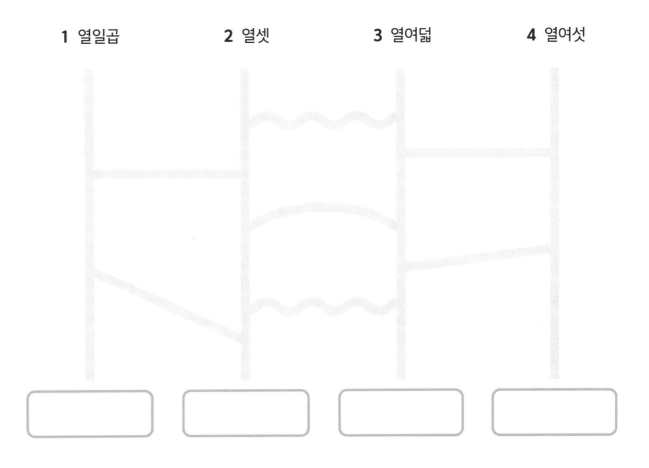

E 다음을 듣고 빈칸을 채워 문장을 완성한 후, 큰 소리로 따라하세요.

1 [ ] pigs eat sandwiches.

열네 마리의 돼지가 샌드위치를 먹습니다.

2 [ ] horses eat carrots.

열두 마리의 말이 당근을 먹습니다.

3 The mommy pig says, "Let's count! One, two, …, eleven, twelve,

thirteen, fourteen, [ ], sixteen, seventeen, eighteen,

[ ], and [ ]. We are all here!"

엄마 돼지가 "수를 세자! 하나, 둘, … 열하나, 열둘, 열셋, 열넷, 열다섯, 열여섯, 열일곱, 열여덟, 열아홉, 스물. 우리 모두 여기 있구나!"라고
말합니다.

4 The mommy horse says, "Let's count! one, two …, [ ],

twelve, and [ ]. We are all here, too."

엄마 말이 "수를 세자! 하나, 둘, … 열하나, 열둘, 열셋. 우리도 모두 여기 있구나."라고 말합니다.

📝 **Expressions**

- Let's ~ : ~하자
- count : 수를 세다
- all : 모두
- here : 여기에
- too : 역시, 또한

F   다음 글을 읽고, 물음에 답하세요. 2번과 3번은 글에 쓰인 표현을 사용해 답하세요.

We Are All Here!

A pig family and a horse family are at the park.
Fourteen pigs eat sandwiches. Six pigs eat salads.
Twelve horses eat carrots. One horse eats grass.

The mommy pig says, "Let's count! One, two, …,
eleven, twelve, thirteen, fourteen, fifteen, sixteen,
seventeen, eighteen, nineteen, and twenty. We are
all here!"

The mommy horse says, "Let's count! one, two, …,
eleven, twelve, and thirteen. We are all here, too."

1. 이야기의 순서대로 그림 아래에 1 ~ 4의 숫자를 써넣으세요.

2. How many pigs are at the park?

    ➡ _____ _____ are at the park.

3. How many horses eat carrots?

    ➡ _____ _____ eat carrots.

정답 및 해석 >> p56

Quick Check

● Day 19에서 학습한 단어들을 듣고 쓴 후, 그 단어의 우리말 뜻을 쓰세요.

1 _____ ➡ _____

2 _____ ➡ _____

3 _____ ➡ _____

4 _____ ➡ _____

5 _____ ➡ _____

6 _____ ➡ _____

7 _____ ➡ _____

8 _____ ➡ _____

9 _____ ➡ _____

10 _____ ➡ _____

✍ 틀린 단어 써보기

_____

_____

Step 1 듣고 따라하기

다음은 Day 20에서 공부할 10개의 단어입니다. 모든 단어는 세 번씩 읽어줍니다.

단어 아래 표기된 ❶, ❷, ❸에 ✓ 표시하며 큰 소리로 따라하세요.

0191
black
검은색; 검은

✓❶ ❷ ❸

0192
white
흰색; 흰

❶ ❷ ❸

0193
yellow
노란색; 노란

❶ ❷ ❸

0194
red
빨간색; 빨간

❶ ❷ ❸

0195
blue
파란색; 파란

❶ ❷ ❸

0196
green
녹색; 녹색의

❶ ❷ ❸

0197
gray
회색; 회색의

❶ ❷ ❸

0198
brown
갈색; 갈색의

❶ ❷ ❸

0199
pink
분홍색; 분홍색의

❶ ❷ ❸

0200
violet
보라색; 보라색의

❶ ❷ ❸

| white | gray | violet | blue | yellow |
| black | pink | green | red | brown |

A 들려주는 영어 단어를 보기에서 찾아 쓰고, 단어에 알맞은 사진을 연결하세요.

1 _____

2 _____

3 _____

4 _____

•

•

•

•

•

•

•

•

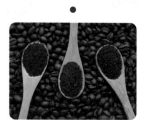

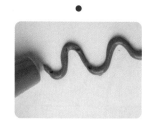

B 들려주는 영어 단어를 보기에서 찾아 쓰고, 괄호 안에서 알맞은 뜻을 고르세요.

1

(빨간색 / 파란색)

2
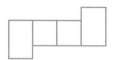
(분홍색 / 보라색)

3

(노란색 / 흰색)

4
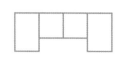
(녹색 / 회색)

5

(갈색 / 검은색)

6
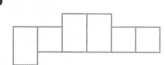
(노란색 / 회색)

C 다음 우리말 뜻에 알맞은 영어 단어를 완성하세요.

1
r ☐ d

[빨간색; 빨간]

2
g ☐ ☐ y

[회색; 회색의]

3
☐ el ☐ o ☐

[노란색; 노란]

4
p ☐ n ☐

[분홍색; 분홍색의]

5
☐ ☐ i ☐ e

[흰색; 흰]

6
☐ ☐ o ☐ e ☐

[보라색; 보라색의]

D 다음의 사다리를 따라간 후, 우리말에 해당하는 영어 단어를 쓰세요.

1 파란색; 파란　　　**2** 녹색; 녹색의　　　**3** 검은색; 검은　　　**4** 갈색; 갈색의

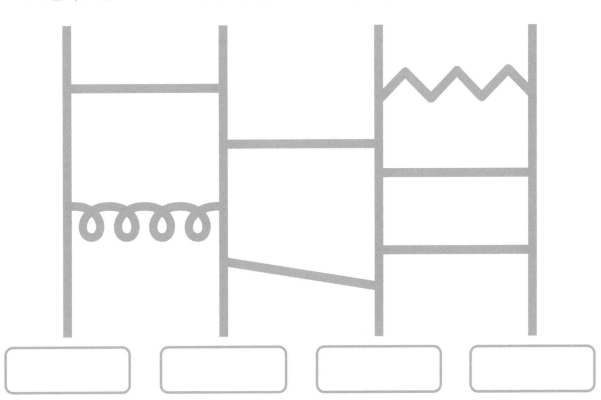

E　다음을 듣고 빈칸을 채워 문장을 완성한 후, 큰 소리로 따라하세요.

1 Edward wears ⬚ clothes and a black mask.

Edward는 검은색 옷과 검은색 가면을 착용합니다.

2 Tom wears ⬚ and ⬚ clothes.

Tom은 파란색과 빨간색 옷을 입습니다.

3 Ben wears ⬚ clothes.

Ben은 노란색 옷을 입습니다.

4 Suji wears a ⬚ and ⬚ dress.

Suji는 분홍색과 보라색 드레스를 입습니다.

5 Lisa wears ⬚ and ⬚ clothes.

Lisa는 초록색과 갈색 옷을 입습니다.

6 I wear ⬚ clothes.

나는 흰색 옷을 입습니다.

📝 **Expressions**
• mask : 가면

F 다음 글을 읽고, 물음에 답하세요. 2번과 3번은 글에 쓰인 표현을 사용해 답하세요.

What Do They Wear?

Edward wears black clothes and a black mask.

He likes Batman!

Tom wears blue and red clothes. He likes Spiderman!

Ben wears yellow clothes. He likes Winnie the Pooh!

Suji wears a pink and violet dress. She likes Rapunzel!

Lisa wears green and brown clothes. Is she a tree?

I wear white clothes. I like a ghost!

1. 이야기의 순서대로 그림 아래에 1 ~ 4의 숫자를 써넣으세요.

2. What clothes does Edward wear?

➡ He _____ _____ _____ .

3. What do I wear?

➡ I _____ _____ _____ .

Review

A 다음의 사진에 해당하는 영어 단어를 고르세요.

1

[finger / knee]

2

[twelve / twenty]

3

[body / back]

4

[neck / cheek]

5

[white / green]

6

[five / four]

B 다음 영어 단어와 우리말 뜻을 선으로 연결하세요.

1	leg •	• 팔
2	neck •	• 20, 스물
3	one •	• 다리
4	face •	• 목
5	arm •	• 8, 여덟
6	eight •	• 얼굴; 마주보다
7	twenty •	• 1, 하나

C 다음 사진에 해당하는 영어 단어를 보기 에서 골라 쓰세요.

보기

tooth	knee	blue	eye
eleven	hand	two	ear

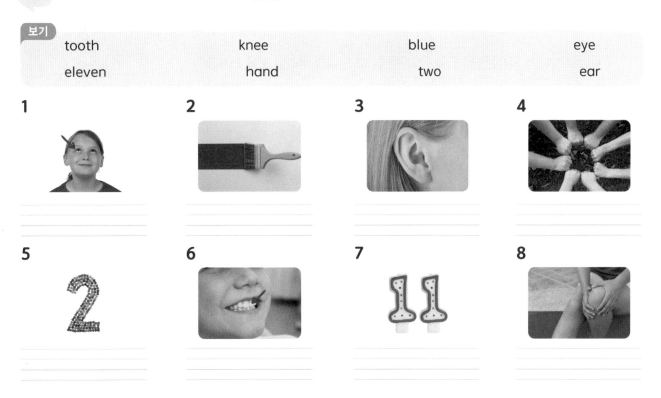

1

2

3

4

5

6

7

8

D 다음 우리말을 영어로 옮길 때, 빈칸에 알맞은 말을 보기 에서 골라 쓰세요.

보기

black	mouth	yellow	fifteen	nose

1 그 여성은 노란색 스웨터를 입습니다. ➡ The woman wears a .... sweater.

2 나는 검은색 모자가 있습니다. ➡ I have a .... cap.

3 그녀의 입은 작습니다. ➡ Her .... is small.

4 Henry의 코는 빨갛습니다. ➡ Henry has a red ....

5 그는 돼지 15마리를 키웁니다. ➡ He has .... pigs.

Quick Check

정답 및 해석 >> p58

● Day 20에서 학습한 단어들을 듣고 쓴 후, 그 단어의 우리말 뜻을 쓰세요.

1 _____ ➡ _____

2 _____ ➡ _____

3 _____ ➡ _____

4 _____ ➡ _____

5 _____ ➡ _____

6 _____ ➡ _____

7 _____ ➡ _____

8 _____ ➡ _____

9 _____ ➡ _____

10 _____ ➡ _____

✎ 틀린 단어 써보기

_____

_____

_____

DAY 21 House (1) 집 (1)

학습한 날 : _____ / _____

Step ▶ 1 듣고 따라하기

다음은 Day 21에서 공부할 10개의 단어입니다. 모든 단어는 세 번씩 읽어줍니다.

단어 아래 표기된 ❶, ❷, ❸에 ✓ 표시하며 큰 소리로 따라하세요.

0201 **house** 집	0202 **door** 문	0203 **window** 창문	0204 **ceiling** 천장

  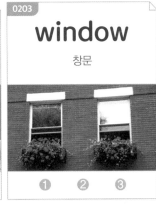 

0205 **roof** 지붕	0206 **basement** 지하층	0207 **floor** 마루, 층	0208 **stairs** 계단

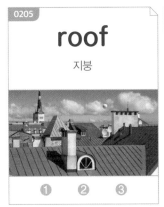 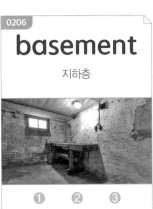  

0209 **garden** 정원	0210 **wall** 벽

보기

stairs	floor	house	wall	window
ceiling	roof	garden	door	basement

A 들려주는 영어 단어를 보기에서 찾아 쓰고, 단어에 알맞은 사진을 연결하세요.

1 _____   2 _____   3 _____   4 _____

•   •   •   •

•   •   •   •

B 들려주는 영어 단어를 보기에서 찾아 쓰고, 괄호 안에서 알맞은 뜻을 고르세요.

1

(문 / 벽)

2

(정원 / 집)

3

(계단 / 마루)

4

(지붕 / 창문)

5

(계단 / 지하층)

6

(마루 / 천장)

C 다음 우리말 뜻에 알맞은 영어 단어를 완성하세요.

1 ☐ lo ☐ r

[마루, 층]

2 st ☐ ☐ r ☐

[계단]

3 ☐ ☐ il ☐ ng

[천장]

4 ☐ o ☐ ☐

[문]

5 g ☐ r ☐ e ☐

[정원]

6 ☐ a ☐ em ☐ ☐ t

[지하층]

D 다음의 사다리를 따라간 후, 우리말에 해당하는 영어 단어를 쓰세요.

1 창문   **2** 벽   **3** 집   **4** 지붕

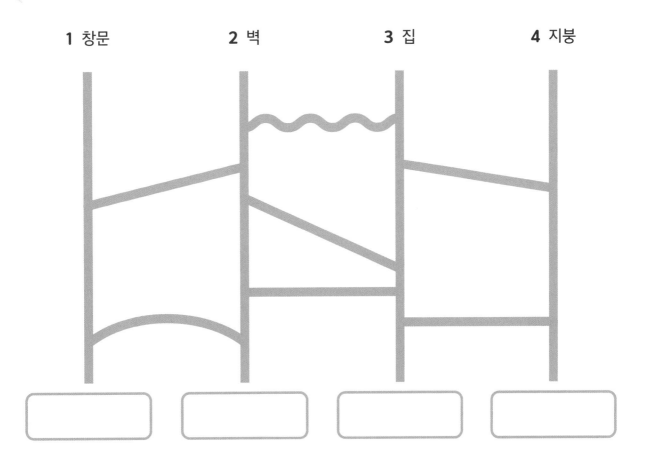

E 다음을 듣고 빈칸을 채워 문장을 완성한 후, 큰 소리로 따라하세요.

1 My ⬚ has a red ⬚ .

나의 집은 빨간색 지붕을 가지고 있습니다.

2 It has ⬚ and a ⬚ .

그것은 창문과 정원을 가지고 있습니다.

3 What is in the ⬚ ?

지하실에는 무엇이 있나요?

4 Let's go down the ⬚ .

계단을 내려갑시다.

5 The ⬚ , the ⬚ , and the ⬚ of the basement are old.

지하실의 바닥, 벽, 그리고 천장은 오래되었습니다.

6 I like my house, but not the ⬚ .

나는 나의 집이 좋지만, 지하실은 좋아하지 않습니다.

📝 **Expressions**
- Let's ~ : ~하자
- go down : (아래로) 내려가다
- old : 오래된, 낡은
- but : ~이지만, 그러나

F   다음 글을 읽고, 물음에 답하세요. 2번과 3번은 글에 쓰인 표현을 사용해 답하세요.

My House

My house has a red roof.

It has windows and a garden.

Roses and tulips are in the garden.

What is in the basement?

Let's go down the stairs.

The floor, the wall, and the ceiling of

the basement are old.

I like my house, but not the basement.

1. 이야기의 순서대로 그림 아래에 1 ~ 3의 숫자를 써넣으세요.

2. What is the color of the roof?

➡ It is _____ .

3. How is the basement?

➡ Its _____, _____, and _____ are old.

정답 및 해석 >> p59

Quick Check

● Day 21에서 학습한 단어들을 듣고 쓴 후, 그 단어의 우리말 뜻을 쓰세요.

1 _____ ➜ _____

2 _____ ➜ _____

3 _____ ➜ _____

4 _____ ➜ _____

5 _____ ➜ _____

6 _____ ➜ _____

7 _____ ➜ _____

8 _____ ➜ _____

9 _____ ➜ _____

10 _____ ➜ _____

✎ 틀린 단어 써보기

_____

_____

_____

DAY 22

House (2) 집 (2)

Step 1 듣고 따라하기

다음은 Day 22에서 공부할 10개의 단어입니다. 모든 단어는 세 번씩 읽어줍니다.

단어 아래 표기된 ❶, ❷, ❸에 ✓ 표시하며 큰 소리로 따라하세요.

0211	0212	0213
room	**bathroom**	**bedroom**
방	욕실, 화장실	침실

❶ ❷ ❸ ❶ ❷ ❸ ❶ ❷ ❸

0214	0215	0216	0217
living room	**kitchen**	**bed**	**sofa**
거실	부엌	침대	소파

❶ ❷ ❸ ❶ ❷ ❸ ❶ ❷ ❸ ❶ ❷ ❸

0218	0219	0220
mirror	**table**	**desk**
거울	탁자, 식탁	책상

❶ ❷ ❸ ❶ ❷ ❸ ❶ ❷ ❸

보기

| sofa | room | bed | bedroom | living room |
| desk | table | mirror | bathroom | kitchen |

A 들려주는 영어 단어를 (보기)에서 찾아 쓰고, 단어에 알맞은 사진을 연결하세요.

1 _____

2 _____

3 _____

4 _____

•   •   •   •

•   •   •   •

B 들려주는 영어 단어를 (보기)에서 찾아 쓰고, 괄호 안에서 알맞은 뜻을 고르세요.

1

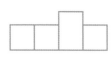

(책상 / 소파)

2

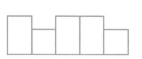

(탁자, 식탁 / 침대)

3

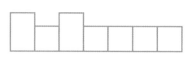

(욕실 / 침실)

4

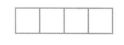

(거실 / 방)

5

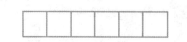

(거울 / 침대)

6

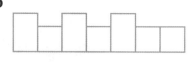

(욕실 / 부엌)

C 다음 우리말 뜻에 알맞은 영어 단어를 완성하세요.

1
b ☐ ☐

[침대]

2
t ☐ b ☐ ☐

[탁자, 식탁]

3
k ☐ t c ☐ n

[부엌]

4
☐ e s ☐

[책상]

5
m i ☐ r ☐ ☐

[거울]

6
b ☐ t ☐ r ☐ o m

[욕실, 화장실]

D 다음의 사다리를 따라간 후, 우리말에 해당하는 영어 단어를 쓰세요.

1 침실   **2** 소파   **3** 거실   **4** 방

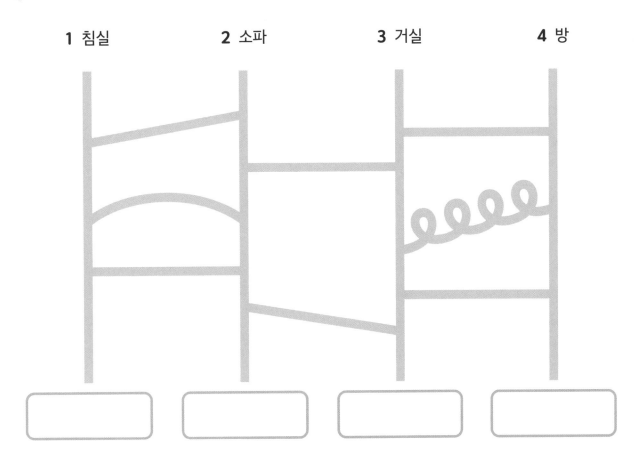

E 다음을 듣고 빈칸을 채워 문장을 완성한 후, 큰 소리로 따라하세요.

1 My grandpa and my grandma are in the _____.

나의 할아버지와 할머니는 거실에 있습니다.

2 They are sitting on the _____.

그들은 소파에 앉아 있습니다.

3 My dad is in his _____. He is sitting at his _____.

나의 아빠는 그의 방에 있습니다. 그는 책상에 앉아 있습니다.

4 My mom is in the _____. She is making soup.

나의 엄마는 부엌에 있습니다. 그녀는 국을 만들고 있습니다.

5 My sister is in her _____. She is sleeping.

나의 누나는 그녀의 침실에 있습니다. 그녀는 자고 있습니다.

6 I am in the _____. I am washing my face.

나는 욕실에 있습니다. 나는 세수하고 있습니다.

📋 **Expressions**

- sit : 앉다
- make : 만들다
- sleep : 자다
- wash one's face : 세수하다

F 다음 글을 읽고, 물음에 답하세요. 2번과 3번은 글에 쓰인 표현을 사용해 답하세요.

Where Are Your Family?

My grandpa and my grandma are in the living room.

They are sitting on the sofa.

My dad is in his room. He is sitting at his desk.

My mom is in the kitchen. She is making soup.

My sister is in her bedroom. She is sleeping.

I am in the bathroom. I am washing my face.

1. 이야기의 순서대로 그림 아래에 1 ~ 4의 숫자를 써넣으세요.

2. Where are my grandpa and grandma?

➡ They are in the _____ _____.

3. What is my mom doing?

➡ She is making soup in the _____.

정답 및 해석 >> p60

Quick Check

● Day 22에서 학습한 단어들을 듣고 쓴 후, 그 단어의 우리말 뜻을 쓰세요.

1   ➡

2   ➡

3   ➡

4   ➡

5   ➡

6   ➡

7   ➡

8   ➡

9   ➡

10   ➡

✎ 틀린 단어 써보기

DAY 23 House (3) 집 (3)

Step ▶ 1 **듣고 따라하기**

다음은 Day 23에서 공부할 10개의 단어입니다. 모든 단어는 세 번씩 읽어줍니다.
단어 아래 표기된 ❶, ❷, ❸에 ✔ 표시하며 큰 소리로 따라하세요.

0221
towel
수건

✔ ❷ ❸

0222
soap
비누

❶ ❷ ❸

0223
carpet
카펫, 양탄자

❶ ❷ ❸

0224
key
열쇠

❶ ❷ ❸

0225
telephone
전화기

❶ ❷ ❸

0226
television
텔레비전

❶ ❷ ❸

0227
curtain
커튼

❶ ❷ ❸

0228
ladder
사다리

❶ ❷ ❸

0229
camera
카메라

❶ ❷ ❸

0230
computer
컴퓨터

❶ ❷ ❸

보기

| key | curtain | ladder | carpet | telephone |
| soap | camera | television | towel | computer |

A 들려주는 영어 단어를 (보기)에서 찾아 쓰고, 단어에 알맞은 사진을 연결하세요.

1 _____   2 _____   3 _____   4 _____

•   •   •   •

•   •   •   •

B 들려주는 영어 단어를 (보기)에서 찾아 쓰고, 괄호 안에서 알맞은 뜻을 고르세요.

1

(텔레비전 / 열쇠)

2

(사다리 / 양탄자)

3

(컴퓨터 / 커튼)

4

(열쇠 / 비누)

5

(수건 / 커튼)

6

(전화기 / 카메라)

C 다음 우리말 뜻에 알맞은 영어 단어를 완성하세요.

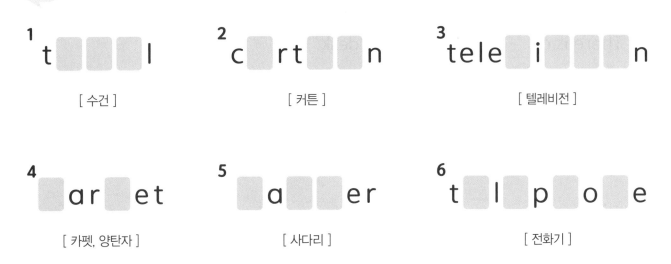

1 t ☐ ☐ ☐ l

[수건]

2 c ☐ r t ☐ ☐ n

[커튼]

3 tele ☐ i ☐ ☐ ☐ n

[텔레비전]

4 ☐ ar ☐ et

[카펫, 양탄자]

5 ☐ a ☐ ☐ er

[사다리]

6 t ☐ l ☐ p ☐ o ☐ e

[전화기]

D 다음의 사다리를 따라간 후, 우리말에 해당하는 영어 단어를 쓰세요.

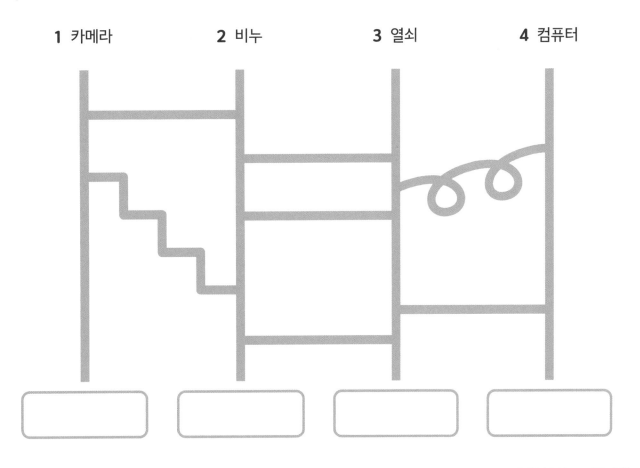

| **1** 카메라 | **2** 비누 | **3** 열쇠 | **4** 컴퓨터 |

E 다음을 듣고 빈칸을 채워 문장을 완성한 후, 큰 소리로 따라하세요.

1 There is a ⬚ on the desk.

책상 위에 컴퓨터가 있습니다.

2 I put my ⬚ next to the computer.

나는 컴퓨터 옆에 카메라를 둡니다.

3 There is a blue ⬚ on the floor.

바닥에 파란색 카펫이 있습니다.

4 There are yellow ⬚ at the window.

창문에 노란색 커튼이 있습니다.

5 I have a ⬚ in my room.

나는 방에 텔레비전을 가지고 있습니다.

📝 **Expressions**

· put : 두다, 놓다
· next to : ～ 옆에

F 다음 글을 읽고, 물음에 답하세요. 2번과 3번은 글에 쓰인 표현을 사용해 답하세요.

My Room

This is my room.

There is a computer on the desk.

I put my camera next to the computer.

There is a blue carpet on the floor.

There are yellow curtains at the window.

I also have a television in my room.

I love my room.

1. 이야기의 순서대로 그림 아래에 1 ~ 4의 숫자를 써넣으세요.

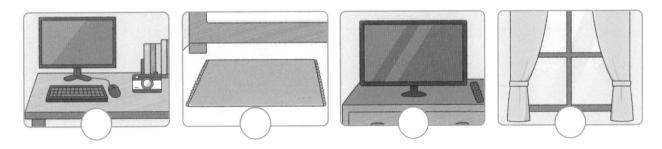

2. What is on the floor?

➡ There is a _____ _____ on the floor.

3. What do I have at the window?

➡ I have _____ _____ at the window.

Quick Check

정답 및 해석 >> p61

● Day 23에서 학습한 단어들을 듣고 쓴 후, 그 단어의 우리말 뜻을 쓰세요.

1   ➡

2   ➡

3   ➡

4   ➡

5   ➡

6   ➡

7   ➡

8   ➡

9   ➡

10   ➡

✎ 틀린 단어 써보기

DAY 24

Kitchen Items 주방용품

 학습한 날 : _____ / _____

Step 1 듣고 따라하기

다음은 Day 24에서 공부할 10개의 단어입니다. 모든 단어는 세 번씩 읽어줍니다.
단어 아래 표기된 ①, ②, ③에 ✓ 표시하며 큰 소리로 따라하세요.

0231 **spoon** 숟가락	0232 **chopsticks** 젓가락	0233 **fork** 포크

✓ ② ③	① ② ③	① ② ③

0234 **knife** 칼, 나이프	0235 **bowl** (우묵한) 그릇	0236 **dish** 접시, 요리	0237 **bottle** 병

① ② ③	① ② ③	① ② ③	① ② ③

0238 **glass** (유리)잔	0239 **cup** 컵	0240 **basket** 바구니

① ② ③	① ② ③	① ② ③

knife	bowl	cup	bottle	chopsticks
glass	dish	fork	spoon	basket

A 들려주는 영어 단어를 보기 에서 찾아 쓰고, 단어에 알맞은 사진을 연결하세요.

1 _____ 2 _____ 3 _____ 4 _____

•   •   •   •

•   •   •   •

B 들려주는 영어 단어를 보기 에서 찾아 쓰고, 괄호 안에서 알맞은 뜻을 고르세요.

1

(칼 / 포크)

2
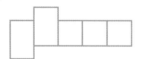
(접시 / (유리)잔)

3
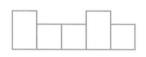
(칼 / 젓가락)

4
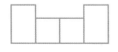
(바구니 / (우묵한) 그릇)

5
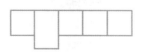
(숟가락 / 젓가락)

6

(컵 / 병)

C 다음 우리말 뜻에 알맞은 영어 단어를 완성하세요.

1

c ☐ ☐

[컵]

2

b ☐ t ☐ l ☐

[병]

3

☐ n i ☐ e

[칼, 나이프]

4

b ☐ ☐ l

[(우묵한) 그릇]

5

☐ o ☐ k

[포크]

6

c ☐ o ☐ s t ☐ c ☐ ☐

[젓가락]

D 다음의 사다리를 따라간 후, 우리말에 해당하는 영어 단어를 쓰세요.

1 바구니 **2** 숟가락 **3** (유리)잔 **4** 접시, 요리

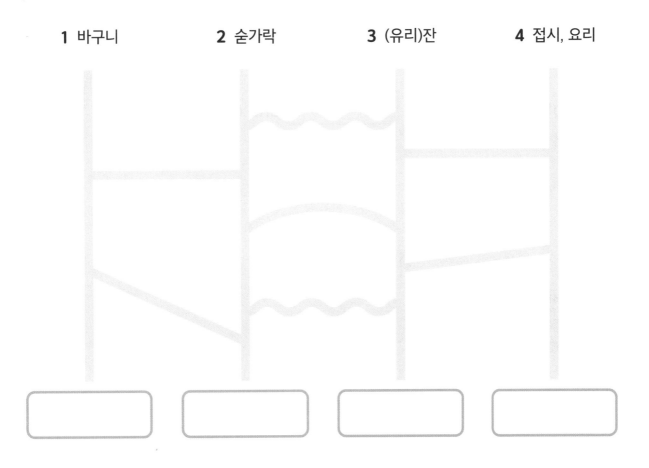

☐ ☐ ☐ ☐

E 다음을 듣고 빈칸을 채워 문장을 완성한 후, 큰 소리로 따라하세요.

1 We have two [   ] of flour and a [   ] of sugar.

우리는 두 컵의 밀가루와 한 컵의 설탕을 가지고 있습니다.

2 We have three eggs and a [   ] of milk.

우리는 달걀 세 개와 한 잔의 우유를 가지고 있습니다.

3 We put eggs and milk in the [   ].

우리는 달걀과 우유를 그릇에 넣습니다.

4 We mix flour, sugar, eggs and milk with a [   ].

우리는 밀가루, 설탕, 달걀 그리고 우유를 숟가락으로 섞습니다.

5 We put our pancakes on the [   ].

우리는 팬케이크를 접시에 담습니다.

6 We eat pancakes with a [   ] and a [   ].

우리는 칼과 포크로 팬케이크를 먹습니다.

📝 **Expressions**
- flour : 밀가루
- egg : 달걀
- put : 넣다, 놓다
- mix : 섞다
- with : ~을 가지고

F 다음 글을 읽고, 물음에 답하세요. 2번과 3번은 글에 쓰인 표현을 사용해 답하세요.

Cooking Class

We have two cups of flour and a cup of sugar.

We have three eggs and a glass of milk.

We put them in the bowl.

We mix them with a spoon.

We cook our pancakes.

We put them on the dish.

We eat them with a knife and a fork.

1. 이야기의 순서대로 그림 아래에 1 ~ 4의 숫자를 써넣으세요.

  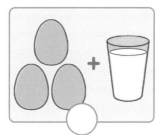 

2. How many cups of flour do we have?

➡ We have _____ _____ of flour.

3. Where do we put our pancakes?

➡ We put them on the _____.

정답 및 해석 >> p62

Quick Check

● Day 24에서 학습한 단어들을 듣고 쓴 후, 그 단어의 우리말 뜻을 쓰세요.

1 _____ ➡ _____

2 _____ ➡ _____

3 _____ ➡ _____

4 _____ ➡ _____

5 _____ ➡ _____

6 _____ ➡ _____

7 _____ ➡ _____

8 _____ ➡ _____

9 _____ ➡ _____

10 _____ ➡ _____

✎ 틀린 단어 써보기

_____

_____

_____

DAY 25 Housework 집안일

Step > 1 듣고 따라하기

다음은 Day 25에서 공부할 10개의 단어입니다. 모든 단어는 세 번씩 읽어줍니다.
단어 아래 표기된 ❶, ❷, ❸에 ✔ 표시하며 큰 소리로 따라하세요.

0241 **housework** 집안일, 가사	0242 **clean** 청소하다; 깨끗한	0243 **wash** 닦다, 씻다
 ✔ ❷ ❸	 ❶ ❷ ❸	 ❶ ❷ ❸

0244 **grow** 기르다, 자라다	0245 **water** 물; 물을 주다	0246 **feed** 먹이를 주다, (밥·우유를) 먹이다	0247 **garbage** 쓰레기
 ❶ ❷ ❸	 ❶ ❷ ❸	 ❶ ❷ ❸	 ❶ ❷ ❸

0248 **laundry** 세탁물, 세탁	0249 **lawn** 잔디, 잔디밭	0250 **plant** 식물; 심다
 ❶ ❷ ❸	 ❶ ❷ ❸	 ❶ ❷ ❸

보기

plant	grow	feed	water	garbage
clean	wash	lawn	housework	laundry

A 들려주는 영어 단어를 보기 에서 찾아 쓰고, 단어에 알맞은 사진을 연결하세요.

1 _____   2 _____   3 _____   4 _____

B 들려주는 영어 단어를 보기 에서 찾아 쓰고, 괄호 안에서 알맞은 뜻을 고르세요.

1
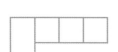
(기르다, 자라다 / 물)

2
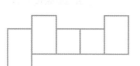
(물을 주다 / 심다)

3
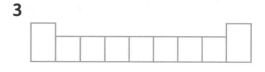
(집안일 / 먹이를 주다)

4
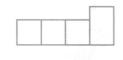
(닦다, 씻다 / 잔디)

5
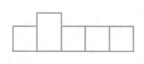
(세탁물 / 청소하다)

6
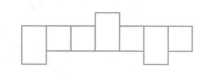
(쓰레기 / 세탁)

C 다음 우리말 뜻에 알맞은 영어 단어를 완성하세요.

1 l ☐ ☐ n

[잔디, 잔디밭]

2 p ☐ ☐ nt

[식물; 심다]

3 l ☐ ☐ n ☐ y

[세탁물, 세탁]

4 f ☐ e ☐

[먹이를 주다]

5 g ☐ rb ☐ ☐ e

[쓰레기]

6 h ☐ ☐ s ☐ w ☐ rk

[집안일, 가사]

D 다음의 사다리를 따라간 후, 우리말에 해당하는 영어 단어를 쓰세요.

1 기르다, 자라다   **2** 청소하다; 깨끗한   **3** 물; 물을 주다   **4** 닦다, 씻다

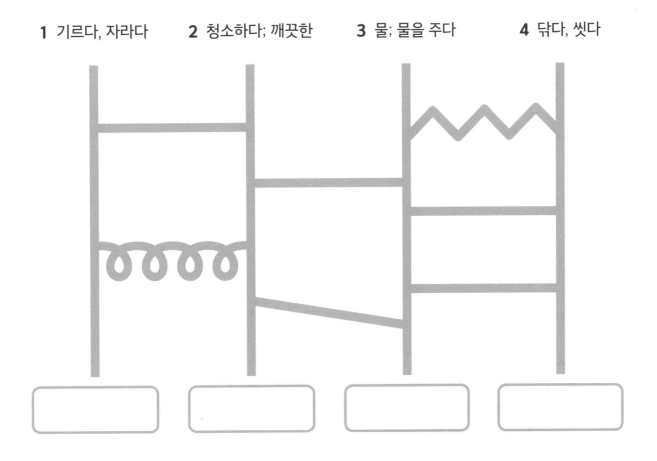

E 다음을 듣고 빈칸을 채워 문장을 완성한 후, 큰 소리로 따라하세요.

1 My dad and I do [   ].

나의 아빠와 나는 집안일을 합니다.

2 I [   ] my room.

나는 나의 방을 청소합니다.

3 I [   ] the dishes.

나는 설거지를 합니다.

4 My dad does the [   ].

나의 아빠는 빨래를 합니다.

5 I [   ] the [   ] and the [   ].

나는 식물과 잔디에 물을 줍니다.

6 We [   ] my baby sister.

우리는 나의 어린 여동생에게 밥을 먹입니다.

📝 **Expressions**

- **wash the dishes** : 설거지하다
- **do the laundry** : 빨래를 하다

F 다음 글을 읽고, 물음에 답하세요. 2번과 3번은 글에 쓰인 표현을 사용해 답하세요.

Mom, Please Come Home!

My mom is not at home.

My dad and I do housework.

I clean my room. I wash the dishes, too.

My dad does the laundry.

He waters the plants and the lawn.

He makes dinner, too.

We feed my baby sister.

Oh, Mom, please come home!

1. 이야기의 순서대로 그림 아래에 1 ~ 4의 숫자를 써넣으세요.

2. What does my dad water?

➡ My dad waters the _____ and the _____ .

3. Who do my dad and I feed?

➡ My dad and I _____ _____ _____ _____ .

Review

A 다음의 사진에 해당하는 영어 단어를 고르세요.

1

[wall / roof]

2

[garbage / laundry]

3

[plant / water]

4

[curtain / carpet]

5

[dish / bowl]

6

[cup / glass]

B 다음 영어 단어와 우리말 뜻을 선으로 연결하세요.

1	room •	• 거실
2	fork •	• 접시, 요리
3	living room •	• 먹이를 주다
4	grow •	• 기르다, 자라다
5	glass •	• 방
6	dish •	• (유리)잔
7	feed •	• 포크

C 다음 사진에 해당하는 영어 단어를 보기 에서 골라 쓰세요.

보기

bottle	floor	mirror	chopsticks
stairs	knife	kitchen	ladder

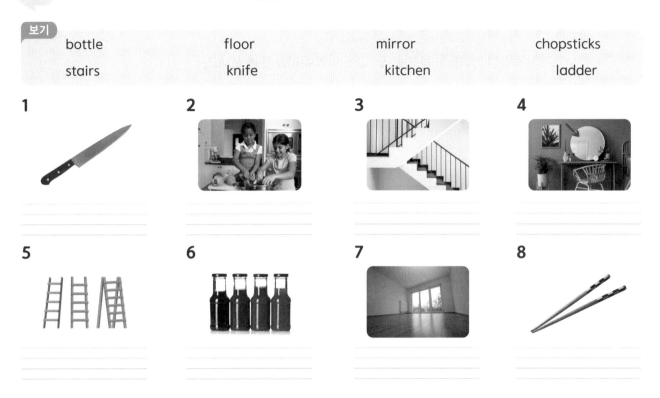

1

_____

2

_____

3

_____

4

_____

5

_____

6

_____

7

_____

8

_____

D 다음 우리말을 영어로 옮길 때, 빈칸에 알맞은 말을 보기 에서 골라 쓰세요.

보기

clean	window	table	wash	garden

1 거실에 탁자가 있습니다. → There is a .... in the living room.

2 나는 내 방을 청소합니다. → I .... my room.

3 정원에 장미와 튤립이 있습니다. → There are roses and tulips in the ....

4 그 아이들은 자신들의 개를 씻깁니다. → The kids .... their dog.

5 나의 방에는 창문이 하나 있습니다. → I have a .... in my room.

정답 및 해석 >> p64

Quick Check

● Day 25에서 학습한 단어들을 듣고 쓴 후, 그 단어의 우리말 뜻을 쓰세요.

1   ➡

2   ➡

3   ➡

4   ➡

5   ➡

6   ➡

7   ➡

8   ➡

9   ➡

10   ➡

✎ 틀린 단어 써보기

DAY 26 Everyday Lives 일상생활

Step 1 듣고 따라하기

다음은 Day 26에서 공부할 10개의 단어입니다. 모든 단어는 세 번씩 읽어줍니다.

단어 아래 표기된 ❶, ❷, ❸에 ✓ 표시하며 큰 소리로 따라하세요.

0251

wake

(잠에서) 깨다[일어나다], 깨우다

✓ ❷ ❸

0252

sleep

잠을 자다

❶ ❷ ❸

0253

drink

마시다; 음료

❶ ❷ ❸

💡**TIPS** wake up과 get up 모두 '일어나다'라는 의미의 표현입니다. 단, wake up은 '(잠에서) 깨어나다'라는 의미를 나타낸다면, get up은 '(잠에서 깨어나 몸을) 일으키다'라는 의미를 전달합니다.

0254

brush

빗질하다, 칫솔질하다

❶ ❷ ❸

0255

make

만들다

❶ ❷ ❸

0256

walk

걷다, (동물을) 산책시키다; 산책

❶ ❷ ❸

0257

nap

낮잠

❶ ❷ ❸

💡**TIPS** walk, nap, bath 모두 take 동사를 써서 take a walk, take a nap, take a bath의 형태로 각각 '산책하다, 낮잠자다, 목욕하다'를 표현할 수 있어요.

0258

bath

목욕

❶ ❷ ❸

0259

break

깨뜨리다, 부수다, 고장내다

❶ ❷ ❸

0260

fix

고치다

❶ ❷ ❸

---

break	wake	walk	fix	make
sleep	bath	nap	drink	brush

A 들려주는 영어 단어를 보기 에서 찾아 쓰고, 단어에 알맞은 사진을 연결하세요.

1 _____ **2** _____ **3** _____ **4** _____

•   •   •   •

•   •   •   •

B 들려주는 영어 단어를 보기 에서 찾아 쓰고, 괄호 안에서 알맞은 뜻을 고르세요.

1

(낮잠 / 목욕)

2

(깨우다 / 만들다)

3

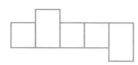

(마시다 / 잠을 자다)

4

(고치다 / 고장내다)

5

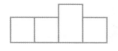

(걷다 / (잠에서) 깨다)

6

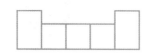

(빗질하다 / 깨뜨리다, 부수다)

C 다음 우리말 뜻에 알맞은 영어 단어를 완성하세요.

1
d r ☐ n ☐

[마시다; 음료]

2
w ☐ ☐ k

[걷다, (동물을) 산책시키다; 산책]

3
b r ☐ ☐ k

[깨뜨리다, 부수다, 고장내다]

4
☐ a ☐

[낮잠]

5
☐ a ☐ e

[(잠에서) 깨다[일어나다], 깨우다]

6
☐ r s ☐

[빗질하다, 칫솔질하다]

D 다음의 사다리를 따라간 후, 우리말에 해당하는 영어 단어를 쓰세요.

1 만들다   **2** 고치다   **3** 목욕   **4** 잠을 자다

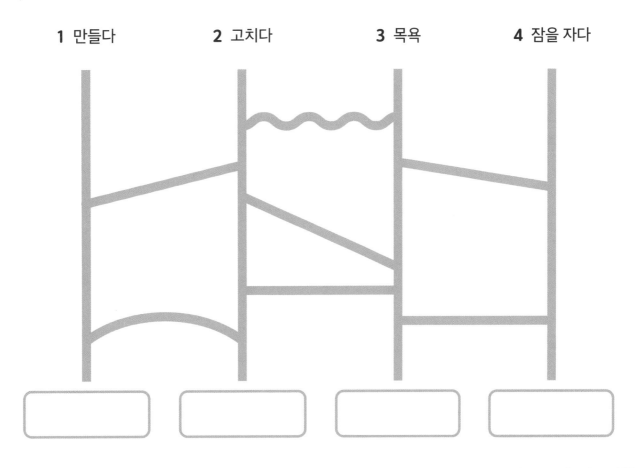

E 다음을 듣고 빈칸을 채워 문장을 완성한 후, 큰 소리로 따라하세요.

1 I ☐ up at 7 o'clock.

나는 7시에 일어납니다.

2 I ☐ my teeth.

나는 이를 닦습니다.

3 I ☐ a glass of water.

나는 물 한 잔을 마십니다.

4 After breakfast, I ☐ to school.

아침 식사 후, 나는 걸어서 학교에 갑니다.

5 I take a ☐ .

나는 낮잠을 잡니다.

6 After dinner, I take a ☐ .

저녁 식사 후, 나는 목욕을 합니다.

📝 **Expressions**
- school : 학교
- take a nap : 낮잠을 자다
- take a bath : 목욕을 하다

F 다음 글을 읽고, 물음에 답하세요. 2번과 3번은 글에 쓰인 표현을 사용해 답하세요.

My Day

I wake up at 7 o'clock.

I brush my teeth. I drink a glass of water.

My father makes breakfast for me.

After breakfast, I walk to school.

After school, I play with my friends.

I take a nap, too.

After dinner, I take a bath.

I go to bed at 10 o'clock.

1. 이야기의 순서대로 그림 아래에 1 ~ 4의 숫자를 써넣으세요.

2. Who makes breakfast?

➡ _____ _____ _____ breakfast for me.

3. What do I do after breakfast?

➡ I _____ _____ _____ .

Quick Check

정답 및 해석 >> p65

● Day 26에서 학습한 단어들을 듣고 쓴 후, 그 단어의 우리말 뜻을 쓰세요.

1   ➡

2   ➡

3   ➡

4   ➡

5   ➡

6   ➡

7   ➡

8   ➡

9   ➡

10   ➡

✎ 틀린 단어 써보기

DAY 27 School (1) 학교 (1)

Step 1 듣고 따라하기

다음은 Day 27에서 공부할 10개의 단어입니다. 모든 단어는 세 번씩 읽어줍니다.
단어 아래 표기된 ❶, ❷, ❸에 ✔ 표시하며 큰 소리로 따라하세요.

0261	0262	0263
school 학교	**class** 수업, 학급	**course** 강좌, (학)과목, 강의

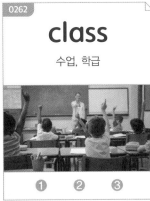

0264	0265	0266	0267
teacher 선생님	**student** 학생	**classmate** 반 친구	**club** 동아리

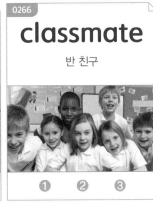

0268	0269	0270
homework 숙제	**remember** 기억하다	**forget** 잊다

보기

| student | class | forget | school | homework |
| teacher | club | course | classmate | remember |

A　들려주는 영어 단어를 보기 에서 찾아 쓰고, 단어에 알맞은 사진을 연결하세요.

1 _____

2 _____

3 _____

4 _____

•　•　•　•

•　•　•　•

B　들려주는 영어 단어를 보기 에서 찾아 쓰고, 괄호 안에서 알맞은 뜻을 고르세요.

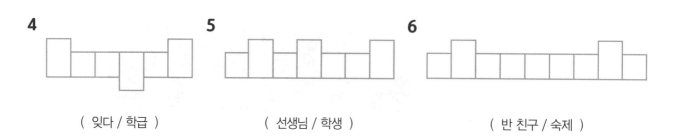

1

(동아리 / 강좌, (학)과목)

2

(학교 / 수업, 학급)

3

(잊다 / 기억하다)

4

(잊다 / 학급)

5

(선생님 / 학생)

6

(반 친구 / 숙제)

C 다음 우리말 뜻에 알맞은 영어 단어를 완성하세요.

1 c ☐ u ☐

[동아리]

2 co ☐ ☐ ☐ e

[강좌, (학)과목, 강의]

3 cl ☐ ssm ☐ t ☐

[반 친구]

4 c ☐ a ☐ s

[수업, 학급]

5 ☐ ☐ ☐ ool

[학교]

6 h ☐ m ☐ ☐ o ☐ k

[숙제]

D 다음의 사다리를 따라간 후, 우리말에 해당하는 영어 단어를 쓰세요.

1 선생님   **2** 잊다   **3** 기억하다   **4** 학생

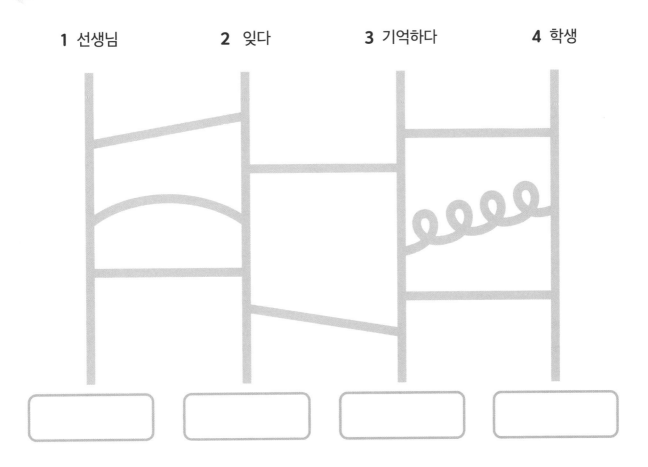

E 다음을 듣고 빈칸을 채워 문장을 완성한 후, 큰 소리로 따라하세요.

1 It is my first day of [＿＿＿＿].

나의 학교 첫날입니다.

2 I meet my new [＿＿＿＿].

나는 나의 새로운 선생님들을 만납니다.

3 I meet my new [＿＿＿＿].

나는 나의 새로운 반 친구들을 만납니다.

4 I take [＿＿＿＿] and [＿＿＿＿] with my classmates.

나는 반 친구들과 수업과 강의를 듣습니다.

5 I choose a school [＿＿＿＿].

나는 학교 동아리를 선택합니다.

6 I do not have [＿＿＿＿].

나는 숙제가 없습니다.

📝 **Expressions**
- first day : 첫날
- new : 새로운
- take a class[course] : 수업[강의]을 듣다
- with : ～와 함께

F 다음 글을 읽고, 물음에 답하세요. 2번과 3번은 글에 쓰인 표현을 사용해 답하세요.

My First Day of School

It is my first day of school.

I meet my new teachers.

I meet my new classmates, too.

I take classes and courses with them.

I choose a school club.

I do not have homework.

I am so happy.

---

1. 이야기의 순서대로 그림 아래에 1 ～ 3의 숫자를 써넣으세요.

2. Who do I meet on the first day of school?

➡ I meet my new ＿＿＿＿＿＿ and ＿＿＿＿＿＿.

3. What do I do with my classmates?

➡ I take ＿＿＿＿＿＿ and ＿＿＿＿＿＿ with them.

정답 및 해석 >> p66

Quick Check

● Day 27에서 학습한 단어들을 듣고 쓴 후, 그 단어의 우리말 뜻을 쓰세요.

1   →

2   →

3   →

4   →

5   →

6   →

7   →

8   →

9   →

10   →

✎ 틀린 단어 써보기

DAY 28 School (2) 학교 (2)

Step 1 들고 따라하기

다음은 Day 28에서 공부할 10개의 단어입니다. 모든 단어는 세 번씩 읽어줍니다.
단어 아래 표기된 ❶, ❷, ❸에 ✔ 표시하며 큰 소리로 따라하세요.

0271
classroom
교실
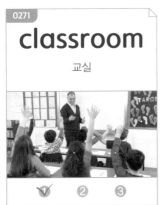
✔ ❷ ❸

0272
topic
주제

❶ ❷ ❸

0273
lesson
수업

❶ ❷ ❸

0274
library
도서관

❶ ❷ ❸

0275
gym
체육관

❶ ❷ ❸

0276
restroom
(공공장소의) 화장실

❶ ❷ ❸

0277
cry
울다, 외치다

❶ ❷ ❸

💡**TIPS** restroom은 '(공공장소의) 화장실'을 가리킨다면, bathroom은 욕조나
세면대 등이 포함된 '(집안의) 화장실'을 가리켜요.

0278
fight
싸움; 싸우다

❶ ❷ ❸

0279
join
함께 하다, (동아리에) 가입하다

❶ ❷ ❸

0280
use
사용하다
❶ ❷ ❸

보기

cry	join	topic	lesson	restroom
gym	use	fight	library	classroom

A 들려주는 영어 단어를 보기에서 찾아 쓰고, 단어에 알맞은 사진을 연결하세요.

1 _____ •

2 _____ •

3 _____ •

4 _____ •

B 들려주는 영어 단어를 보기에서 찾아 쓰고, 괄호 안에서 알맞은 뜻을 고르세요.

1
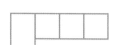
(체육관 / 함께 하다)

2
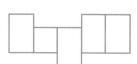
(싸움; 싸우다 / 주제)

3
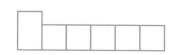
(교실 / 수업)

4

(사용하다 / 울다)

5
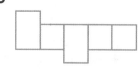
(주제 / 교실)

6
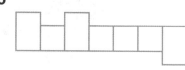
(화장실 / 도서관)

C 다음 우리말 뜻에 알맞은 영어 단어를 완성하세요.

1 ▢▢ m

[체육관]

2 f ▢▢▢ t

[싸움; 싸우다]

3 li ▢ r ▢ r ▢

[도서관]

4 ▢ r ▢

[울다, 외치다]

5 t ▢▢ i ▢

[주제]

6 r ▢ s ▢ ro ▢ m

[(공공장소의) 화장실]

D 다음의 사다리를 따라간 후, 우리말에 해당하는 영어 단어를 쓰세요.

1 수업   2 사용하다   3 함께 하다, 가입하다   4 교실

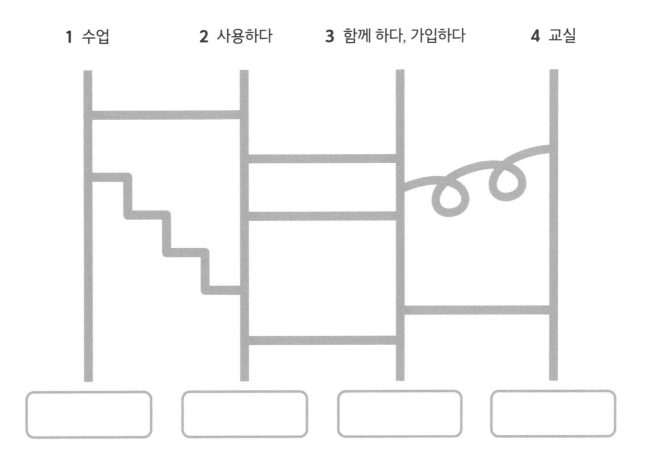

E 다음을 듣고 빈칸을 채워 문장을 완성한 후, 큰 소리로 따라하세요.

1 My school has many [   ].

나의 학교는 많은 교실들을 가지고 있습니다.

2 We have [   ] in the [   ].

우리는 교실에서 수업을 받습니다.

3 In my school, there is a [   ].

나의 학교에는 도서관이 있습니다.

4 In the [   ], we play sports.

체육관에서 우리는 스포츠를 합니다.

5 The [   ] are big and clean.

화장실은 크고 깨끗합니다.

📝 **Expressions**
- many : 많은
- play sports : 스포츠를 하다, 운동하다
- big : 큰

F 다음 글을 읽고, 물음에 답하세요. 2번과 3번은 글에 쓰인 표현을 사용해 답하세요.

School V-log

My school is big. It has many classrooms.

We have lessons in the classrooms.

In my school, there is a library.

It has many books.

In the gym, we play sports.

The restrooms are big and clean.

Oh, there is a boy!

He can't remember his classroom!

1. 이야기의 순서대로 그림 아래에 1 ~ 3의 숫자를 써넣으세요.

 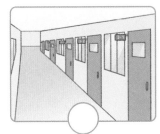 

2. In the gym, what do we do?

➡ We _____ _____ .

3. How are the restrooms?

➡ They are _____ and _____ .

Quick Check

정답 및 해석 >> p67

● Day 28에서 학습한 단어들을 듣고 쓴 후, 그 단어의 우리말 뜻을 쓰세요.

1   ➡

2   ➡

3   ➡

4   ➡

5   ➡

6   ➡

7   ➡

8   ➡

9   ➡

10   ➡

✎ 틀린 단어 써보기

Classroom 교실

Step 1 듣고 따라하기

다음은 Day 29에서 공부할 10개의 단어입니다. 모든 단어는 세 번씩 읽어줍니다.
단어 아래 표기된 ❶, ❷, ❸에 ✔ 표시하며 큰 소리로 따라하세요.

0281	0282	0283
book 책	**board** 게시판, 칠판	**quiz** 퀴즈, 시험

❶ ❷ ❸ ❶ ❷ ❸ ❶ ❷ ❸

0284	0285	0286	0287
word 단어, 낱말	**goal** 목표, 골, 득점	**clap** 박수치다	**teach** 가르치다

❶ ❷ ❸ ❶ ❷ ❸ ❶ ❷ ❸ ❶ ❷ ❸

0288	0289	0290
study 공부하다	**understand** 이해하다	**know** 알다

❶ ❷ ❸ ❶ ❷ ❸ ❶ ❷ ❸

| study | word | clap | goal | board |
| teach | know | book | quiz | understand |

A 들려주는 영어 단어를 보기 에서 찾아 쓰고, 단어에 알맞은 사진을 연결하세요.

1 _____ •

2 _____ •

3 _____ •

4 _____ •

•

•

•

•

B 들려주는 영어 단어를 보기 에서 찾아 쓰고, 괄호 안에서 알맞은 뜻을 고르세요.

1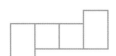

(단어 / 목표)

2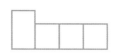

(책 / 알다)

3

(가르치다 / 시험)

4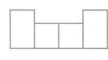

(칠판 / 책)

5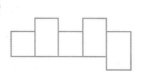

(박수치다 / 공부하다)

6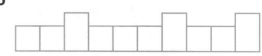

(가르치다 / 이해하다)

C 다음 우리말 뜻에 알맞은 영어 단어를 완성하세요.

1
c ☐ a ☐

[박수치다]

2
☐ n o ☐

[알다]

3
☐ ☐ ☐ d

[단어, 낱말]

4
g ☐ ☐ l

[목표, 골, 득점]

5
☐ u ☐ z

[퀴즈, 시험]

6
b o ☐ ☐ ☐

[게시판, 칠판]

D 다음의 사다리를 따라간 후, 우리말에 해당하는 영어 단어를 쓰세요.

1 가르치다　　　　**2** 이해하다　　　　**3** 공부하다　　　　**4** 책

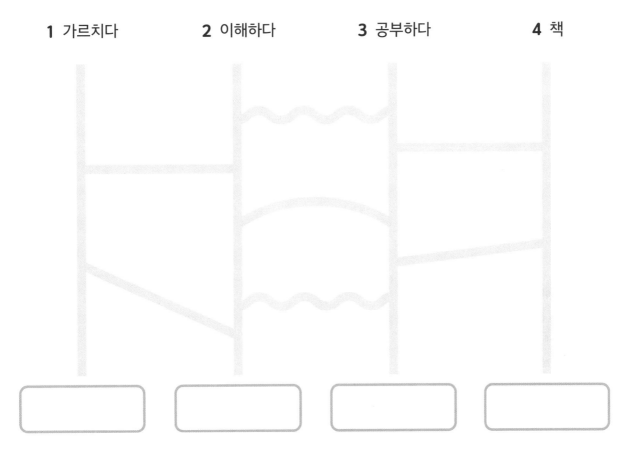

E 다음을 듣고 빈칸을 채워 문장을 완성한 후, 큰 소리로 따라하세요.

1 We have a ⬚ on the ⬚, "Spiders."

우리는 〈Spiders〉라는 책에 대한 퀴즈를 풉니다.

2 My teacher writes a question on the ⬚.

나의 선생님은 칠판에 질문을 씁니다.

3 I ⬚ the answer.

나는 정답을 압니다.

4 My classmates ⬚ for me.

나의 반 친구들은 나를 위해 박수를 칩니다.

5 I do not ⬚ the question.

나는 그 질문을 이해하지 못합니다.

📝 **Expressions**
- have a quiz : 퀴즈를 풀다
- on : ~에 대해, ~ 위에
- write : 쓰다
- question : 질문, 문제
- answer : 정답

F 다음 글을 읽고, 물음에 답하세요. 2번과 3번은 글에 쓰인 표현을 사용해 답하세요.

Book Quiz Day

Today is Book Quiz Day.

We have a quiz on the book, "Spiders."

My teacher writes a question on the board.

I know the answer.

My classmates clap for me.

She writes another question.

I do not understand the question.

But Suji knows the answer. I clap for her.

1. 이야기의 순서대로 그림 아래에 1 ~ 4의 숫자를 써넣으세요.

2. What day is it today?

→ Today is _____ _____ _____ .

3. Who knows the answer to another question?

→ _____ _____ the answer.

정답 및 해석 >> p68

Quick Check

● Day 29에서 학습한 단어들을 듣고 쓴 후, 그 단어의 우리말 뜻을 쓰세요.

1   ➡

2   ➡

3   ➡

4   ➡

5   ➡

6   ➡

7   ➡

8   ➡

9   ➡

10   ➡

✐ 틀린 단어 써보기

School Supplies 학용품

Step > 1 듣고 따라하기

다음은 Day 30에서 공부할 10개의 단어입니다. 모든 단어는 세 번씩 읽어줍니다.
단어 아래 표기된 ❶, ❷, ❸에 ✓ 표시하며 큰 소리로 따라하세요.

0291

pencil
연필

✓ ❷ ❸

0292

pen
펜

❶ ❷ ❸

0293

eraser
지우개

❶ ❷ ❸

0294

ruler
자

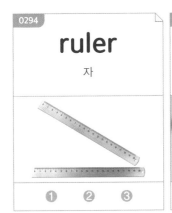

❶ ❷ ❸

0295

tape
테이프; 테이프로 묶다

❶ ❷ ❸

0296

notebook
공책

❶ ❷ ❸

0297

textbook
교과서

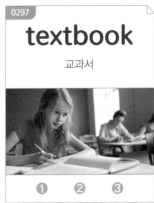

❶ ❷ ❸

0298

diary
일기장

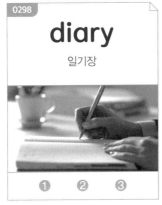

❶ ❷ ❸

0299

dictionary
사전

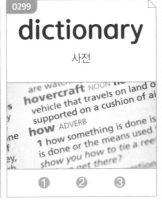

❶ ❷ ❸

0300

set
놓다, 맞추다

❶ ❷ ❸

Step > 2 듣기 문제로 단어 익히기

보기

diary	set	pencil	textbook	tape
ruler	pen	eraser	notebook	dictionary

A 들려주는 영어 단어를 보기 에서 찾아 쓰고, 단어에 알맞은 사진을 연결하세요.

1 _____

•

2 _____

•

3 _____

•

4 _____

•

•   •   •   •

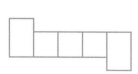 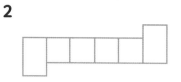 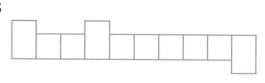

B 들려주는 영어 단어를 보기 에서 찾아 쓰고, 괄호 안에서 알맞은 뜻을 고르세요.

1

(일기장 / 자)

2

(연필 / 테이프)

3

(공책 / 사전)

4

(놓다, 맞추다 / 펜)

5

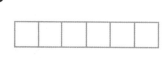

(자 / 지우개)

6

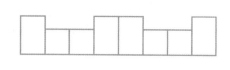

(공책 / 교과서)

C　다음 우리말 뜻에 알맞은 영어 단어를 완성하세요.

1
s █ t

[놓다, 맞추다]

2
t █ █ e

[테이프; 테이프로 묶다]

3
█ r a █ e █

[지우개]

4
p █ n

[펜]

5
█ █ █ r y

[일기장]

6
d █ c █ i o █ a r █

[사전]

D　다음의 사다리를 따라간 후, 우리말에 해당하는 영어 단어를 쓰세요.

1 자　　**2** 연필　　**3** 교과서　　**4** 공책

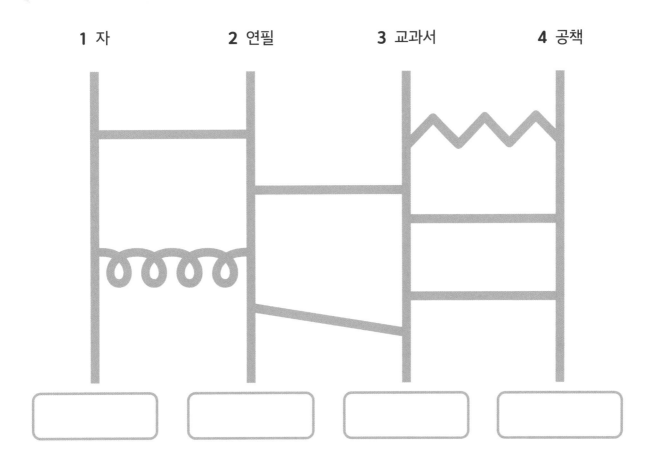

E 다음을 듣고 빈칸을 채워 문장을 완성한 후, 큰 소리로 따라하세요.

1 What is in your ⬚ case?

당신의 필통에는 무엇이 있습니까?

2 Pencils, ⬚, and an ⬚ are in my pencil case.

연필, 펜, 그리고 지우개가 내 필통에 있습니다.

3 A ⬚, ⬚, and ⬚ are in my bag.

자, 공책, 그리고 교과서가 내 가방에 있습니다.

4 A ⬚, a ⬚, and ⬚ are on my desk.

일기장, 사전, 그리고 테이프가 내 책상 위에 있습니다.

5 I always ⬚ my diary on my desk.

나는 늘 내 일기장을 내 책상 위에 놓아둡니다.

📝 **Expressions**

• pencil case : 필통
• bag : 가방
• always : 늘, 항상

F 다음 글을 읽고, 물음에 답하세요. 2번과 3번은 글에 쓰인 표현을 사용해 답하세요.

What Is ...?

What is in your pencil case?

Pencils, pens, and an eraser are in my pencil case.

What is in your bag?

A ruler, notebooks and textbooks are in my bag.

What is on your desk?

A diary, a dictionary, and tape are on my desk.

I always set them on my desk.

1. 이야기의 순서대로 그림 아래에 1 ~ 3의 숫자를 써넣으세요.

  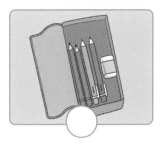

2. What is in the pencil case?

➡ _____, _____, and _____ _____ are in the pencil case.

3. What is on the desk?

➡ _____ _____, _____ _____ and _____ are on the desk.

Review

DAY 26-30

A 다음의 사진에 해당하는 영어 단어를 고르세요.

1

[nap / fix]

2

[make / bath]

3

[teach / clap]

4

[word / goal]

5

[drink / cry]

6

[wake / lesson]

B 다음 영어 단어와 우리말 뜻을 선으로 연결하세요.

1 study •

2 sleep •

3 student •

4 use •

5 understand •

6 forget •

7 know •

• 학생

• 이해하다

• 알다

• 공부하다

• 잊다

• 사용하다

• 잠을 자다

C 다음 사진에 해당하는 영어 단어를 보기 에서 골라 쓰세요.

보기

library	gym	break	notebook
eraser	walk	fight	pencil

1

2

3

4

5

6

7

8

D 다음 우리말을 영어로 옮길 때, 빈칸에 알맞은 말을 보기 에서 골라 쓰세요.

보기

make	remember	textbook	teacher	brush

1 나의 어머니는 선생님입니다.   ➡ My mother is a ....

2 반 친구들은 쿠키를 만듭니다.   ➡ The classmates .... cookies.

3 그들은 그의 이름을 기억합니다.   ➡ They .... his name.

4 우리는 이를 닦습니다.   ➡ We .... our teeth.

5 우리는 새 교과서가 필요합니다.   ➡ We need a new ....

Quick Check

정답 및 해석 >> p69

● Day 30에서 학습한 단어들을 듣고 쓴 후, 그 단어의 우리말 뜻을 쓰세요.

1 _____ ➡ _____

2 _____ ➡ _____

3 _____ ➡ _____

4 _____ ➡ _____

5 _____ ➡ _____

6 _____ ➡ _____

7 _____ ➡ _____

8 _____ ➡ _____

9 _____ ➡ _____

10 _____ ➡ _____

✎ 틀린 단어 써보기

_____

_____

MEMO

MEMO

초등영단어
문장의 시작

Level 1

워크북 + 정답 및 해석

초등영단어

문장의 시작

Level 1

초등영단어
문장의 시작

Workbook

DAY 01 Greetings 인사

다음 단어를 소리 내어 읽으며 세 번 이상 써보세요.

0001	**meet** 만나다
0002	**hello** (만났을 때) 안녕
0003	**bye** (헤어질 때) 안녕
0004	**morning** 아침, 오전
0005	**afternoon** 오후
0006	**evening** 저녁, 밤
0007	**night** 밤
0008	**nice** 좋은, 멋진, 친절한
0009	**age** 나이
0010	**name** 이름

DAY 02  Family (1) 가족 (1)

다음 단어를 소리 내어 읽으며 세 번 이상 써보세요.

0011 husband
남편

0012 wife
부인

0013 grandpa
할아버지

0014 grandma
할머니

0015 father
아버지

0016 mother
어머니

0017 brother
형제, 형, 오빠, 남동생

0018 sister
자매, 여동생, 누나, 언니

0019 son
아들

0020 daughter
딸

다음 단어를 소리 내어 읽으며 세 번 이상 써보세요.

0021 parents
부모

0022 child
어린이, 아이, 자식

0023 baby
아기

0024 kid
아이, 어린이

0025 aunt
숙모, 고모, 이모, 아주머니

0026 uncle
삼촌, 고모부, 이모부, 아저씨

0027 cousin
사촌

0028 adult
어른, 성인; 다 자란

0029 family
가족

0030 couple
부부, 한 쌍

다음 단어를 소리 내어 읽으며 세 번 이상 써보세요.

0031
people
사람들

0032
man
남자, 사람

0033
woman
여자, 여성

0034
boy
소년, 남자아이

0035
girl
소녀, 여자아이

0036
human
인간

0037
friend
친구

0038
guy
남자, 녀석

0039
lady
숙녀

0040
gentleman
신사

DAY 05 Pets 애완동물

다음 단어를 소리 내어 읽으며 세 번 이상 써보세요.

0041	**pet** 애완동물

0042	**cat** 고양이

0043	**dog** 개

0044	**rabbit** 토끼

0045	**bird** 새

0046	**snake** 뱀

0047	**lizard** 도마뱀

0048	**frog** 개구리

0049	**turtle** 거북

0050	**spider** 거미

DAY 06 Wild Animals 야생 동물

학습한 날 : _____ / _____

다음 단어를 소리 내어 읽으며 세 번 이상 써보세요.

0051
animal
동물

0052
lion
사자

0053
tiger
호랑이

0054
dolphin
돌고래

0055
bear
곰

0056
wolf
늑대

0057
fox
여우

0058
elephant
코끼리

0059
monkey
원숭이

0060
zebra
얼룩말

Farm Animals 농장 동물

다음 단어를 소리 내어 읽으며 세 번 이상 써보세요.

0061
cow
소, 암소

0062
horse
말

0063
pig
돼지

0064
duck
오리

0065
goose
거위

0066
hen
암탉

0067
sheep
양

0068
goat
염소

0069
donkey
당나귀

0070
tail
꼬리

다음 단어를 소리 내어 읽으며 세 번 이상 써보세요.

0071
tree
나무

0072
root
뿌리

0073
trunk
나무의 몸통

0074
leaf
잎, 나뭇잎

0075
flower
꽃

0076
tulip
튤립

0077
rose
장미

0078
bush
덤불

0079
grass
풀, 잔디

0080
pine tree
소나무

다음 단어를 소리 내어 읽으며 세 번 이상 써보세요.

0081
fruit
과일

0082
vegetable
채소

0083
apple
사과

0084
banana
바나나

0085
orange
오렌지

0086
grape
포도

0087
strawberry
딸기

0088
watermelon
수박

0089
tomato
토마토

0090
pear
배

DAY 10

Fruits and Vegetables (2) 과일과 채소 (2)

다음 단어를 소리 내어 읽으며 세 번 이상 써보세요.

0091
potato
감자

0092
onion
양파

0093
carrot
당근

0094
mushroom
버섯

0095
pumpkin
호박

0096
bean
콩

0097
cabbage
양배추

0098
garlic
마늘

0099
cucumber
오이

0100
eggplant
가지

DAY 11

Food (1) 음식 (1)

다음 단어를 소리 내어 읽으며 세 번 이상 써보세요.

0101
food
음식, 식품, 식량

0102
breakfast
아침 식사

0103
bread
빵

0104
biscuit
비스킷

0105
milk
우유

0106
juice
주스

0107
butter
버터

0108
oil
기름

0109
coffee
커피

0110
rice
쌀, 밥

Food (2) 음식 (2)

다음 단어를 소리 내어 읽으며 세 번 이상 써보세요.

0111
lunch
점심 식사

0112
sandwich
샌드위치

0113
salad
샐러드

0114
cheese
치즈

0115
pizza
피자

0116
hamburger
햄버거

0117
cookie
쿠키

0118
chocolate
초콜릿

0119
salt
소금

0120
sugar
설탕

DAY 13 Food (3) 음식 (3)

다음 단어를 소리 내어 읽으며 세 번 이상 써보세요.

0121 dinner
저녁 식사

0122 soup
수프

0123 spaghetti
스파게티

0124 steak
스테이크

0125 meat
고기, 육류

0126 beef
소고기

0127 chicken
닭고기

0128 fish
생선, 물고기

0129 choose
고르다, 선택하다

0130 finish
끝나다, 끝내다, 다 먹다

다음 단어를 소리 내어 읽으며 세 번 이상 써보세요.

0131	**wear** 입다, 착용하다
0132	**clothes** 옷
0133	**coat** 외투, 코트
0134	**shirt** 셔츠
0135	**sweater** 스웨터
0136	**skirt** 치마
0137	**dress** 원피스, 드레스
0138	**pants** 바지
0139	**jeans** 청바지
0140	**shorts** 반바지

Clothes (2) 옷 (2)

다음 단어를 소리 내어 읽으며 세 번 이상 써보세요.

0141
cap
(앞으로 긴 챙이 있는) 모자

0142
hat
모자

0143
button
단추

0144
pocket
주머니

0145
glasses
안경

0146
tie
넥타이; 묶다

0147
ribbon
리본

0148
gloves
장갑

0149
socks
양말

0150
shoes
신발

DAY 16 Face 얼굴

다음 단어를 소리 내어 읽으며 세 번 이상 써보세요.

0151
face
얼굴; 마주보다

0152
eye
눈

0153
nose
코

0154
mouth
입

0155
ear
귀

0156
cheek
뺨

0157
head
머리

0158
hair
머리카락

0159
lip
입술

0160
tooth
이, 이빨

다음 단어를 소리 내어 읽으며 세 번 이상 써보세요.

0161	**body** 몸, 신체	
0162	**neck** 목	
0163	**arm** 팔	
0164	**hand** 손; 건네주다	
0165	**finger** 손가락	
0166	**back** 등; 뒤로, 다시	
0167	**leg** 다리	
0168	**knee** 무릎	
0169	**foot** 발	
0170	**skin** 피부	

다음 단어를 소리 내어 읽으며 세 번 이상 써보세요.

0171
one
1. 하나

0172
two
2. 둘

0173
three
3. 셋

0174
four
4. 넷

0175
five
5. 다섯

0176
six
6. 여섯

0177
seven
7. 일곱

0178
eight
8. 여덟

0179
nine
9. 아홉

0180
ten
10. 열

Numbers (2) 숫자 (2)

다음 단어를 소리 내어 읽으며 세 번 이상 써보세요.

0181
eleven
11, 열하나

0182
twelve
12, 열둘

0183
thirteen
13, 열셋

0184
fourteen
14, 열넷

0185
fifteen
15, 열다섯

0186
sixteen
16, 열여섯

0187
seventeen
17, 열일곱

0188
eighteen
18, 열여덟

0189
nineteen
19, 열아홉

0190
twenty
20, 스물

학습한 날 : _____ / _____

다음 단어를 소리 내어 읽으며 세 번 이상 써보세요.

| 0191 | **black**
검은색; 검은 | |

| 0192 | **white**
흰색; 흰 | |

| 0193 | **yellow**
노란색; 노란 | |

| 0194 | **red**
빨간색; 빨간 | |

| 0195 | **blue**
파란색; 파란 | |

| 0196 | **green**
녹색; 녹색의 | |

| 0197 | **gray**
회색; 회색의 | |

| 0198 | **brown**
갈색; 갈색의 | |

| 0199 | **pink**
분홍색; 분홍색의 | |

| 0200 | **violet**
보라색; 보라색의 | |

다음 단어를 소리 내어 읽으며 세 번 이상 써보세요.

0201	**house** 집	
0202	**door** 문	
0203	**window** 창문	
0204	**ceiling** 천장	
0205	**roof** 지붕	
0206	**basement** 지하층	
0207	**floor** 마루, 층	
0208	**stairs** 계단	
0209	**garden** 정원	
0210	**wall** 벽	

DAY 22 🎓 House (2) 집 (2)

다음 단어를 소리 내어 읽으며 세 번 이상 써보세요.

0211
room
방

0212
bathroom
욕실, 화장실

0213
bedroom
침실

0214
living room
거실

0215
kitchen
부엌

0216
bed
침대

0217
sofa
소파

0218
mirror
거울

0219
table
탁자, 식탁

0220
desk
책상

다음 단어를 소리 내어 읽으며 세 번 이상 써보세요.

0221	**towel** 수건
0222	**soap** 비누
0223	**carpet** 카펫, 양탄자
0224	**key** 열쇠
0225	**telephone** 전화기
0226	**television** 텔레비전
0227	**curtain** 커튼
0228	**ladder** 사다리
0229	**camera** 카메라
0230	**computer** 컴퓨터

DAY 24 Kitchen Items 주방용품

다음 단어를 소리 내어 읽으며 세 번 이상 써보세요.

0231
spoon
숟가락

0232
chopsticks
젓가락

0233
fork
포크

0234
knife
칼, 나이프

0235
bowl
(우묵한) 그릇

0236
dish
접시, 요리

0237
bottle
병

0238
glass
(유리)잔

0239
cup
컵

0240
basket
바구니

Housework 집안일

다음 단어를 소리 내어 읽으며 세 번 이상 써보세요.

0241	**housework** 집안일, 가사
0242	**clean** 청소하다; 깨끗한
0243	**wash** 닦다, 씻다
0244	**grow** 기르다, 자라다
0245	**water** 물; 물을 주다
0246	**feed** 먹이를 주다, (밥·우유를) 먹이다
0247	**garbage** 쓰레기
0248	**laundry** 세탁물, 세탁
0249	**lawn** 잔디, 잔디밭
0250	**plant** 식물; 심다

학습한 날 : _____ / _____

다음 단어를 소리 내어 읽으며 세 번 이상 써보세요.

0251 **wake**
(잠에서) 깨다[일어나다], 깨우다

0252 **sleep**
잠을 자다

0253 **drink**
마시다; 음료

0254 **brush**
빗질하다, 칫솔질하다

0255 **make**
만들다

0256 **walk**
걷다, (동물을) 산책시키다; 산책

0257 **nap**
낮잠

0258 **bath**
목욕

0259 **break**
깨뜨리다, 부수다, 고장내다

0260 **fix**
고치다

DAY 27 · School (1) 학교 (1)

학습한 날 : _____ / _____

다음 단어를 소리 내어 읽으며 세 번 이상 써보세요.

0261	**school** 학교	
0262	**class** 수업, 학급	
0263	**course** 강좌, (학)과목, 강의	
0264	**teacher** 선생님	
0265	**student** 학생	
0266	**classmate** 반 친구	
0267	**club** 동아리	
0268	**homework** 숙제	
0269	**remember** 기억하다	
0270	**forget** 잊다	

DAY 28 School (2) 학교 (2)

다음 단어를 소리 내어 읽으며 세 번 이상 써보세요.

0271
classroom
교실

0272
topic
주제

0273
lesson
수업

0274
library
도서관

0275
gym
체육관

0276
restroom
(공공장소의) 화장실

0277
cry
울다, 외치다

0278
fight
싸움; 싸우다

0279
join
함께 하다, (동아리에) 가입하다

0280
use
사용하다

DAY 29 🎓 Classroom 교실

다음 단어를 소리 내어 읽으며 세 번 이상 써보세요.

0281
book
책

0282
board
게시판, 칠판

0283
quiz
퀴즈, 시험

0284
word
단어, 낱말

0285
goal
목표, 골, 득점

0286
clap
박수치다

0287
teach
가르치다

0288
study
공부하다

0289
understand
이해하다

0290
know
알다

School Supplies 학용품

다음 단어를 소리 내어 읽으며 세 번 이상 써보세요.

0291
pencil
연필

0292
pen
펜

0293
eraser
지우개

0294
ruler
자

0295
tape
테이프; 테이프로 묶다

0296
notebook
공책

0297
textbook
교과서

0298
diary
일기장

0299
dictionary
사전

0300
set
놓다, 맞추다

MEMO

Level 1

초등영단어
문장의 시작

정답 및 해석

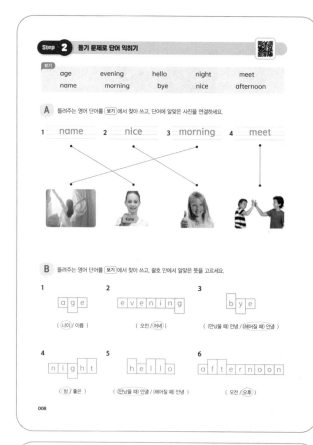

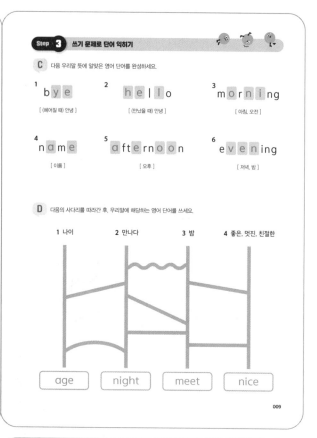

Step 2 듣기 문제로 단어 익히기

보기
| age | evening | hello | night | meet |
| name | morning | bye | nice | afternoon |

A 들려주는 영어 단어를 보기에서 찾아 쓰고, 단어에 알맞은 사진을 연결하세요.

1 name 2 nice 3 morning 4 meet

B 들려주는 영어 단어를 보기에서 찾아 쓰고, 괄호 안에서 알맞은 뜻을 고르세요.

1 a g e
(나이 / 이름)

2 e v e n i n g
(오전 / 저녁)

3 b y e
(만났을 때 안녕 / 헤어질 때 안녕)

4 n i g h t
(밤 / 좋은)

5 h e l l o
(만났을 때 안녕 / 헤어질 때 안녕)

6 a f t e r n o o n
(오전 / 오후)

008

Step 3 쓰기 문제로 단어 익히기

C 다음 우리말 뜻에 알맞은 영어 단어를 완성하세요.

1 b y e
[(헤어질 때) 안녕]

2 h e l l o
[(만났을 때) 안녕]

3 m o r n i n g
[아침, 오전]

4 n a m e
[이름]

5 a f t e r n o o n
[오후]

6 e v e n i n g
[저녁, 밤]

D 다음의 사다리를 따라간 후, 우리말에 해당하는 영어 단어를 쓰세요.

1 나이 2 만나다 3 밤 4 좋은, 멋진, 친절한

| age | night | meet | nice |

009

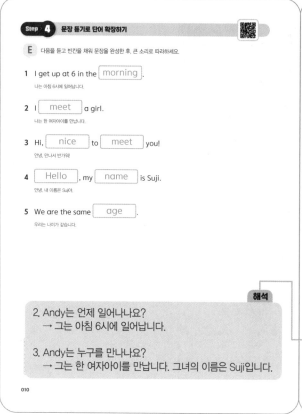

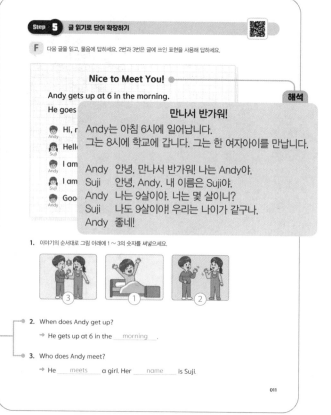

Step 4 문장 듣기로 단어 확장하기

E 다음을 듣고 빈칸을 채워 문장을 완성한 후, 큰 소리로 따라하세요.

1 I get up at 6 in the morning .
나는 아침 6시에 일어납니다.

2 I meet a girl.
나는 한 여자아이를 만납니다.

3 Hi, nice to meet you!
안녕, 만나서 반가워!

4 Hello , my name is Suji.
안녕, 내 이름은 Suji.

5 We are the same age .
우리는 나이가 같습니다.

해석

2. Andy는 언제 일어나나요?
→ 그는 아침 6시에 일어납니다.

3. Andy는 누구를 만나나요?
→ 그는 한 여자아이를 만납니다. 그녀의 이름은 Suji입니다.

010

Step 5 글 읽기로 단어 확장하기

F 다음 글을 읽고, 물음에 답하세요. 2번과 3번은 글에 쓰인 표현을 사용해 답하세요.

Nice to Meet You!

Andy gets up at 6 in the morning.

He goes

Hi,
Andy

Hell
Suji

I am
Andy

I am
Suji

Goo
Andy

해석

만나서 반가워!

Andy는 아침 6시에 일어납니다.
그는 8시에 학교에 갑니다. 그는 한 여자아이를 만납니다.

Andy 안녕, 만나서 반가워! 나는 Andy야.
Suji 안녕, Andy. 내 이름은 Suji야.
Andy 나는 9살이야. 너는 몇 살이니?
Suji 나도 9살이야! 우리는 나이가 같구나.
Andy 좋네!

1. 이야기의 순서대로 그림 아래에 1 ~ 3의 숫자를 써넣으세요.

3   1   2

2. When does Andy get up?
→ He gets up at 6 in the morning .

3. Who does Andy meet?
→ He meets a girl. Her name is Suji.

011

DAY 02

Quick Check
1 hello → (만났을 때) 안녕 2 nice → 좋은, 멋진, 친절한 3 name → 이름 4 age → 나이 5 night → 밤

6 bye → (헤어질 때) 안녕 7 morning → 아침, 오전 8 meet → 만나다 9 afternoon → 오후 10 evening → 저녁, 밤

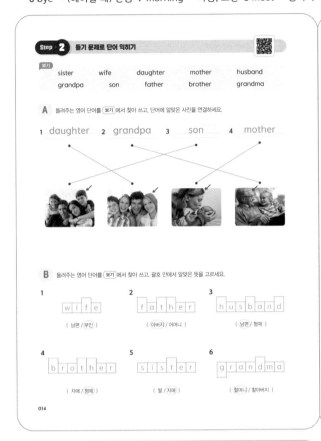

Step 2 듣기 문제로 단어 익히기

보기
sister   wife   daughter   mother   husband
grandpa   son   father   brother   grandma

A 들려주는 영어 단어를 보기에서 찾아 쓰고, 단어에 알맞은 사진을 연결하세요.

1 daughter 2 grandpa 3 son 4 mother

B 들려주는 영어 단어를 보기에서 찾아 쓰고, 괄호 안에서 알맞은 뜻을 고르세요.

1 w i f e (남편 / 부인)
2 f a t h e r (아버지 / 어머니)
3 h u s b a n d (남편 / 형제)
4 b r o t h e r (자매 / 형제)
5 s i s t e r (딸 / 자매)
6 g r a n d m a (할머니 / 할아버지)

014

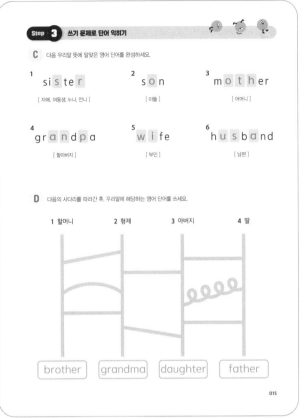

Step 3 쓰기 문제로 단어 익히기

C 다음 우리말 뜻에 알맞은 영어 단어를 완성하세요.

1 s i s t e r [자매, 여동생, 누나, 언니]
2 s o n [아들]
3 m o t h e r [어머니]
4 g r a n d p a [할아버지]
5 w i f e [부인]
6 h u s b a n d [남편]

D 다음의 사다리를 따라간 후, 우리말에 해당하는 영어 단어를 쓰세요.

1 할머니   2 형제   3 아버지   4 딸

brother   grandma   daughter   father

015

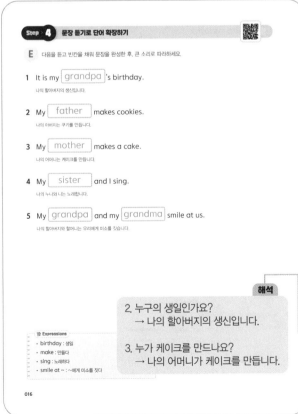

Step 4 문장 듣기로 단어 확장하기

E 다음을 듣고 빈칸을 채워 문장을 완성한 후, 큰 소리로 따라하세요.

1 It is my grandpa 's birthday.
나의 할아버지의 생신입니다.

2 My father makes cookies.
나의 아버지는 쿠키를 만듭니다.

3 My mother makes a cake.
나의 어머니는 케이크를 만듭니다.

4 My sister and I sing.
나의 누나와 나는 노래합니다.

5 My grandpa and my grandma smile at us.
나의 할아버지와 할머니는 우리에게 미소를 짓고,

해석
2. 누구의 생일인가요?
→ 나의 할아버지의 생신입니다.

3. 누가 케이크를 만드나요?
→ 나의 어머니가 케이크를 만듭니다.

Expressions
· birthday : 생일
· make : 만들다
· sing : 노래하다
· smile at ~ : ~에게 미소를 짓다

016

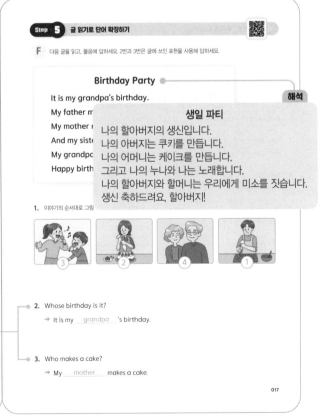

Step 5 글 읽기로 단어 확장하기

F 다음 글을 읽고, 물음에 답하세요. 2번과 3번은 글에 쓰인 표현을 사용해 답하세요.

Birthday Party

It is my grandpa's birthday.
My father m...
My mother r...
And my siste...
My grandpa...
Happy birth...

해석

생일 파티
나의 할아버지의 생신입니다.
나의 아버지는 쿠키를 만듭니다.
나의 어머니는 케이크를 만듭니다.
그리고 나의 누나와 나는 노래합니다.
나의 할아버지와 할머니는 우리에게 미소를 짓습니다.
생신 축하드려요, 할아버지!

1. 이야기의 순서대로 그림...
③ ② ④ ①

2. Whose birthday is it?
→ It is my grandpa 's birthday.

3. Who makes a cake?
→ My mother makes a cake.

017

Quick Check

1 son → 아들 2 sister → 자매, 여동생, 누나, 언니 3 wife → 부인 4 mother → 어머니 5 grandma → 할머니

6 husband → 남편 7 brother → 형제, 형, 오빠, 남동생 8 grandpa → 할아버지 9 daughter → 딸 10 father → 아버지

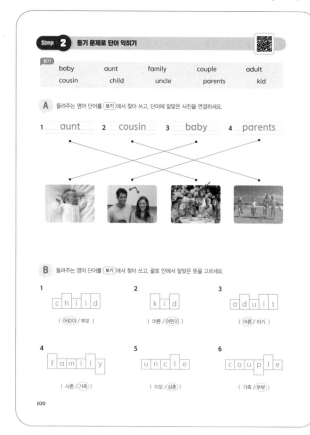

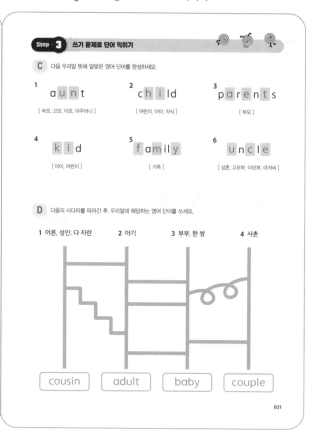

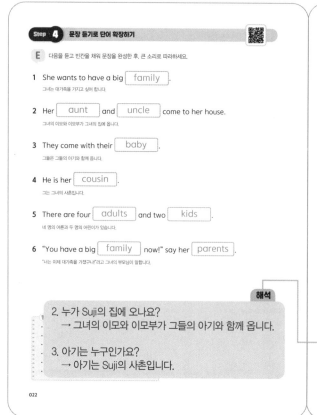

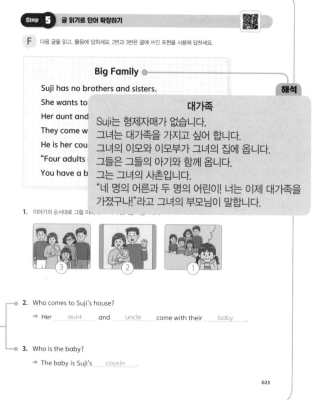

DAY 04

Quick Check

1 cousin → 사촌 2 family → 가족 3 aunt → 숙모, 고모, 이모, 아주머니 4 kid → 아이, 어린이 5 baby → 아기

6 child → 어린이, 아이, 자식 7 couple → 부부, 한 쌍 8 adult → 어른, 성인; 다 자란 9 parents → 부모 10 uncle → 삼촌, 고모부, 이모부, 아저씨

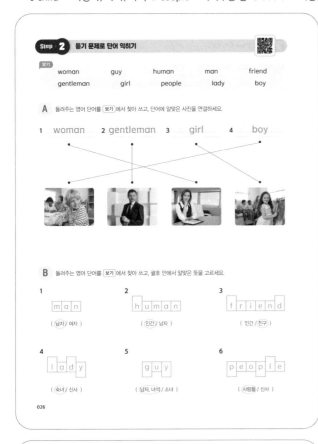

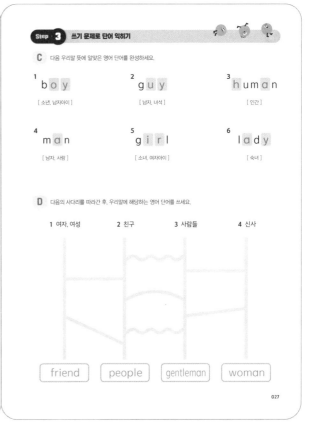

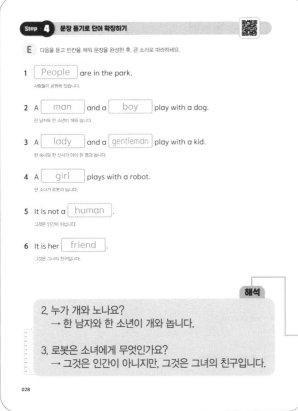

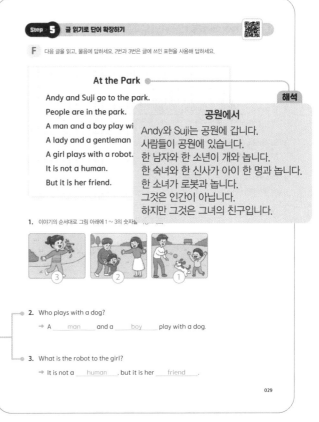

DAY 05

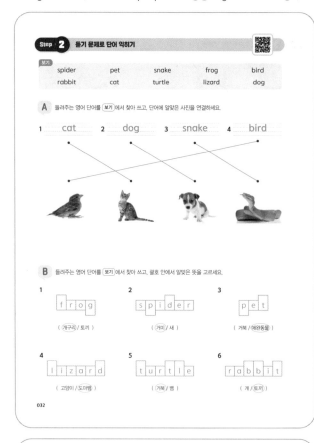

Step 2 듣기 문제로 단어 익히기

보기

| spider | pet | snake | frog | bird |
| rabbit | cat | turtle | lizard | dog |

A 들려주는 영어 단어를 보기 에서 찾아 쓰고, 단어에 알맞은 사진을 연결하세요.

1 cat 2 dog 3 snake 4 bird

B 들려주는 영어 단어를 보기 에서 찾아 쓰고, 괄호 안에서 알맞은 뜻을 고르세요.

1 f r o g (개구리 / 토끼)

2 s p i d e r (거미 / 새)

3 p e t (거북 / 애완동물)

4 l i z a r d (고양이 / 도마뱀)

5 t u r t l e (거북 / 뱀)

6 r a b b i t (개 / 토끼)

032

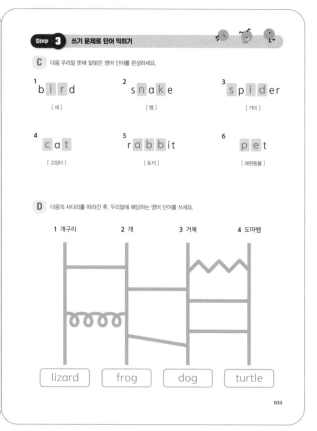

Step 3 쓰기 문제로 단어 익히기

C 다음 우리말 뜻에 알맞은 영어 단어를 완성하세요.

1 b i r d [새]

2 s n a k e [뱀]

3 s p i d e r [거미]

4 c a t [고양이]

5 r a b b i t [토끼]

6 p e t [애완동물]

D 다음의 사다리를 따라간 후, 우리말에 해당하는 영어 단어를 쓰세요.

1 개구리 2 개 3 거북 4 도마뱀

lizard frog dog turtle

033

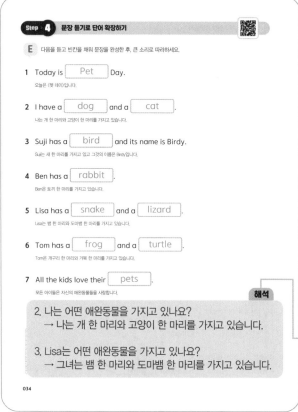

Step 4 문장 듣기로 단어 확장하기

E 다음을 듣고 빈칸을 채워 문장을 완성한 후, 큰 소리로 따라하세요.

1 Today is Pet Day.
오늘은 〈펫 데이〉입니다.

2 I have a dog and a cat .
나는 개 한 마리와 고양이 한 마리를 가지고 있습니다.

3 Suji has a bird and its name is Birdy.
Suji는 새 한 마리를 가지고 있고 그것의 이름은 Birdy입니다.

4 Ben has a rabbit .
Ben은 토끼 한 마리를 가지고 있습니다.

5 Lisa has a snake and a lizard .
Lisa는 뱀 한 마리와 도마뱀 한 마리를 가지고 있습니다.

6 Tom has a frog and a turtle .
Tom은 개구리 한 마리와 거북 한 마리를 가지고 있습니다.

7 All the kids love their pets .
모든 아이들은 자신의 애완동물들을 사랑합니다.

해석

2. 나는 어떤 애완동물을 가지고 있나요?
→ 나는 개 한 마리와 고양이 한 마리를 가지고 있습니다.

3. Lisa는 어떤 애완동물을 가지고 있나요?
→ 그녀는 뱀 한 마리와 도마뱀 한 마리를 가지고 있습니다.

034

Step 5 글 읽기로 단어 확장하기

F 다음 글을 읽고, 물음에 답하세요. 2번과 3번은 글에 쓰인 표현을 사용해 답하세요.

Pet Day

Today is Pet Day.
Wh...
I ha...
Suj...
Ben...
Lis...
Tor...
All...

해석

펫 데이

오늘은 〈펫 데이〉입니다.
아이들은 어떤 애완동물을 가지고 있나요?
나는 개 한 마리와 고양이 한 마리를 가지고 있습니다.
Suji는 새 한 마리를 가지고 있고 그것의 이름은 Birdy입니다.
Ben은 토끼 한 마리를 가지고 있습니다.
Lisa는 뱀 한 마리와 도마뱀 한 마리를 가지고 있습니다.
Tom은 개구리 한 마리와 거북 한 마리를 가지고 있습니다.
모든 아이들은 자신의 애완동물들을 사랑합니다.

1. 이야기의...

2. What pet do I have?
→ I have a dog and a cat .

3. What pet does Lisa have?
→ She has a snake and a lizard .

035

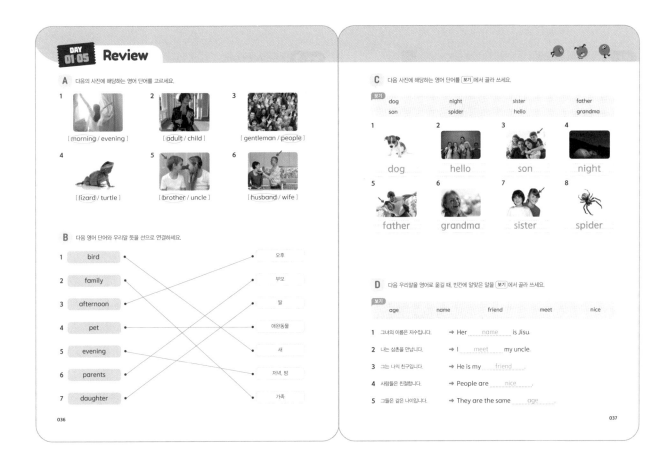

A 다음의 사진에 해당하는 영어 단어를 고르세요.

1 [morning / evening]

2 [adult / child]

3 [gentleman / people]

4 [lizard / turtle]

5 [brother / uncle]

6 [husband / wife]

B 다음 영어 단어와 우리말 뜻을 선으로 연결하세요.

1 bird · · 오후
2 family · · 부모
3 afternoon · · 딸
4 pet · · 애완동물
5 evening · · 새
6 parents · · 저녁, 밤
7 daughter · · 가족

C 다음 사진에 해당하는 영어 단어를 보기 에서 골라 쓰세요.

보기
| dog | night | sister | father |
| son | spider | hello | grandma |

1 dog
2 hello
3 son
4 night
5 father
6 grandma
7 sister
8 spider

D 다음 우리말을 영어로 옮길 때, 빈칸에 알맞은 말을 보기 에서 골라 쓰세요.

보기
age   name   friend   meet   nice

1 그녀의 이름은 지수입니다. → Her   name   is Jisu.
2 나는 삼촌을 만납니다. → I   meet   my uncle.
3 그는 나의 친구입니다. → He is my   friend   .
4 사람들은 친절합니다. → People are   nice   .
5 그들은 같은 나이입니다. → They are the same   age   .

036

037

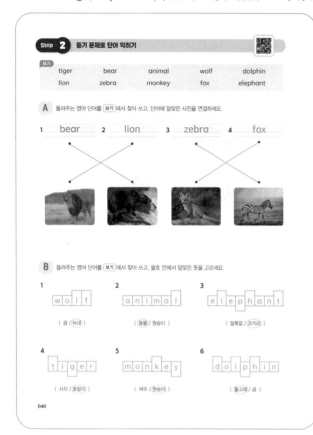

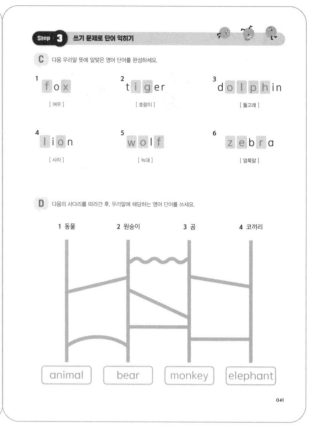

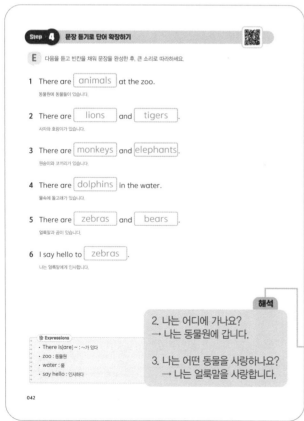

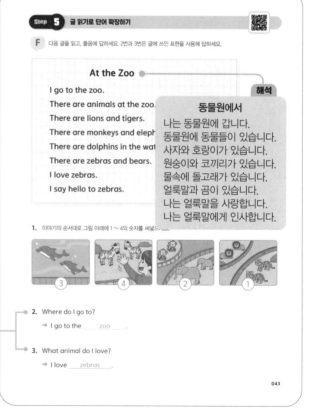

Quick Check

1 dog → 개 2 snake → 뱀 3 turtle → 거북 4 pet → 애완동물 5 lizard → 도마뱀

6 cat → 고양이 7 spider → 거미 8 bird → 새 9 rabbit → 토끼 10 frog → 개구리

Step 2 듣기 문제로 단어 익히기

보기

| tiger | bear | animal | wolf | dolphin |
| lion | zebra | monkey | fox | elephant |

A 들려주는 영어 단어를 보기 에서 찾아 쓰고, 단어에 알맞은 사진을 연결하세요.

1 bear   2 lion   3 zebra   4 fox

B 들려주는 영어 단어를 보기 에서 찾아 쓰고, 괄호 안에서 알맞은 뜻을 고르세요.

1 w o l f
(곰 / 녹대)

2 a n i m a l
(동물 / 원숭이)

3 e l e p h a n t
(얼룩말 / 코끼리)

4 t i g e r
(사자 / 호랑이)

5 m o n k e y
(여우 / 원숭이)

6 d o l p h i n
(돌고래 / 곰)

040

Step 3 쓰기 문제로 단어 익히기

C 다음 우리말 뜻에 알맞은 영어 단어를 완성하세요.

1 f o x
[여우]

2 t i g e r
[호랑이]

3 d o l p h i n
[돌고래]

4 l i o n
[사자]

5 w o l f
[녹대]

6 z e b r a
[얼룩말]

D 다음의 사다리를 따라간 후, 우리말에 해당하는 영어 단어를 쓰세요.

1 동물   2 원숭이   3 곰   4 코끼리

| animal | bear | monkey | elephant |

041

Step 4 문장 듣기로 단어 확장하기

E 다음을 듣고 빈칸을 채워 문장을 완성한 후, 큰 소리로 따라하세요.

1 There are animals at the zoo.
동물원에 동물들이 있습니다.

2 There are lions and tigers .
사자와 호랑이가 있습니다.

3 There are monkeys and elephants .
원숭이와 코끼리가 있습니다.

4 There are dolphins in the water.
물속에 돌고래가 있습니다.

5 There are zebras and bears .
얼룩말과 곰이 있습니다.

6 I say hello to zebras .
나는 얼룩말에게 인사합니다.

해석

2. 나는 어디에 가요?
→ 나는 동물원에 갑니다.

3. 나는 어떤 동물을 사랑하나요?
→ 나는 얼룩말을 사랑합니다.

Expressions
• There is(are) ~ : ~가 있다
• zoo : 동물원
• water : 물
• say hello : 인사하다

042

Step 5 글 읽기로 단어 확장하기

F 다음 글을 읽고, 물음에 답하세요. 2번과 3번은 글에 쓰인 표현을 사용해 답하세요.

At the Zoo

I go to the zoo.
There are animals at the zoo.
There are lions and tigers.
There are monkeys and eleph
There are dolphins in the wat
There are zebras and bears.
I love zebras.
I say hello to zebras.

해석

동물원에서
나는 동물원에 갑니다.
동물원에 동물들이 있습니다.
사자와 호랑이가 있습니다.
원숭이와 코끼리가 있습니다.
물속에 돌고래가 있습니다.
얼룩말과 곰이 있습니다.
나는 얼룩말을 사랑합니다.
나는 얼룩말에게 인사합니다.

1. 이야기의 순서대로 그림 아래에 1~4의 숫자를 써넣으세요.

3   4   2   1

2. Where do I go to?
→ I go to the zoo .

3. What animal do I love?
→ I love zebras .

043

DAY 07

Quick Check
1 lion → 사자 2 fox → 여우 3 zebra → 얼룩말 4 bear → 곰 5 tiger → 호랑이

6 animal → 동물 7 monkey → 원숭이 8 elephant → 코끼리 9 dolphin → 돌고래 10 wolf → 늑대

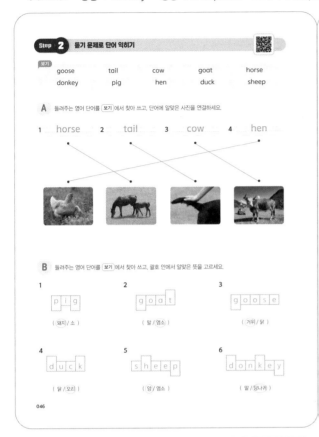

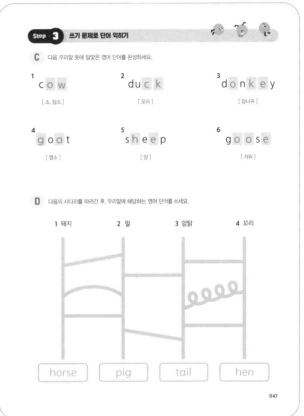

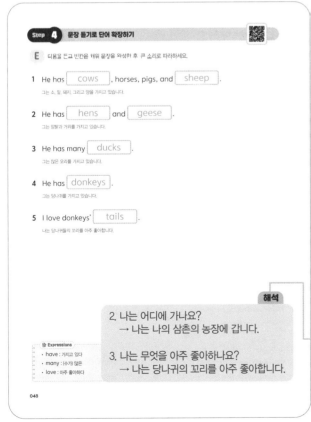

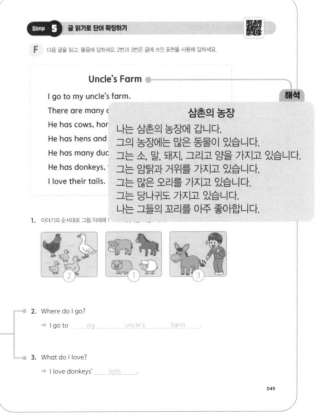

정답 및 해석 **41**

DAY 08

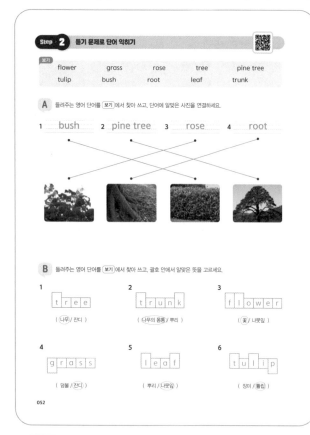

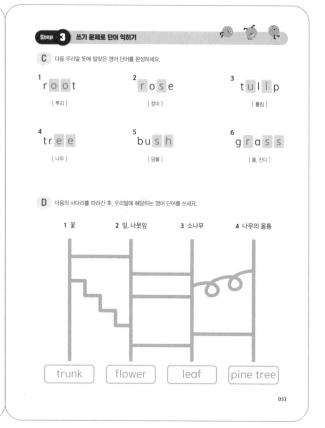

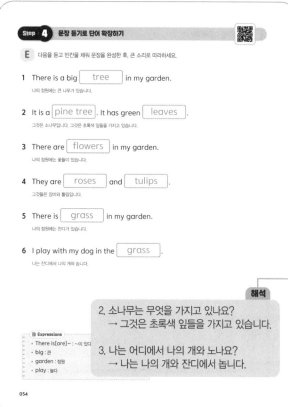

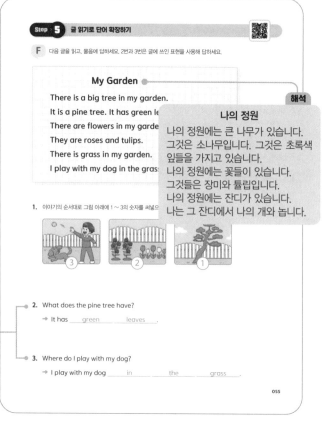

Step 4 문장 듣기로 단어 확장하기

E 다음을 듣고 빈칸을 채워 문장을 완성한 후, 큰 소리로 따라하세요.

1 There is a big | tree | in my garden.
나의 정원에는 큰 나무가 있습니다.

2 It is a | pine tree |. It has green | leaves |.
그것은 소나무입니다. 그것은 초록색 잎들을 가지고 있습니다.

3 There are | flowers | in my garden.
나의 정원에는 꽃들이 있습니다.

4 They are | roses | and | tulips |.
그것들은 장미와 튤립입니다.

5 There is | grass | in my garden.
나의 정원에는 잔디가 있습니다.

6 I play with my dog in the | grass |.
나는 잔디에서 나의 개와 놉니다.

해석

2. 소나무는 무엇을 가지고 있나요?
→ 그것은 초록색 잎들을 가지고 있습니다.

3. 나는 어디에서 나의 개와 노나요?
→ 나는 나의 개와 잔디에서 놉니다.

Expressions
- There is[are]~ : ~이 있다
- big : 큰
- garden : 정원
- play : 놀다

054

Step 5 글 읽기로 단어 확장하기

F 다음 글을 읽고, 물음에 답하세요. 2번과 3번은 글에 쓰인 표현을 사용해 답하세요.

My Garden

There is a big tree in my garden.
It is a pine tree. It has green le
There are flowers in my garde
They are roses and tulips.
There is grass in my garden.
I play with my dog in the grass

해석

나의 정원

나의 정원에는 큰 나무가 있습니다.
그것은 소나무입니다. 그것은 초록색 잎들을 가지고 있습니다.
나의 정원에는 꽃들이 있습니다.
그것들은 장미와 튤립입니다.
나의 정원에는 잔디가 있습니다.
나는 그 잔디에서 나의 개와 놉니다.

1. 이야기의 순서대로 그림 아래에 1~3의 숫자를 써넣으세요.

2. What does the pine tree have?
→ It has _green_ _leaves_.

3. Where do I play with my dog?
→ I play with my dog _in_ _the_ _grass_.

055

DAY 09

Quick Check

1 root → 뿌리 2 rose → 장미 3 bush → 덤불 4 tree → 나무 5 grass → 풀, 잔디

6 trunk → 나무의 몸통 7 pine tree → 소나무 8 tulip → 튤립 9 flower → 꽃 10 leaf → 잎, 나뭇잎

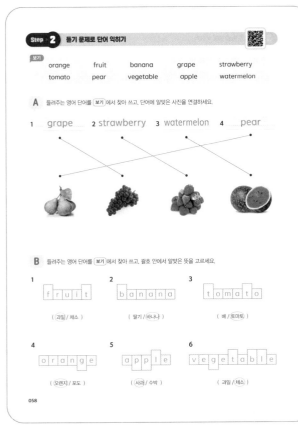

Step 2 듣기 문제로 단어 익히기

보기

| orange | fruit | banana | grape | strawberry |
| tomato | pear | vegetable | apple | watermelon |

A 들려주는 영어 단어를 보기 에서 찾아 쓰고, 단어에 알맞은 사진을 연결하세요.

1 grape 2 strawberry 3 watermelon 4 pear

B 들려주는 영어 단어를 보기 에서 찾아 쓰고, 괄호 안에서 알맞은 뜻을 고르세요.

1 f r u i t (과일 / 채소)

2 b a n a n a (딸기 / 바나나)

3 t o m a t o (배 / 토마토)

4 o r a n g e (오렌지 / 포도)

5 a p p l e (사과 / 수박)

6 v e g e t a b l e (과일 / 채소)

058

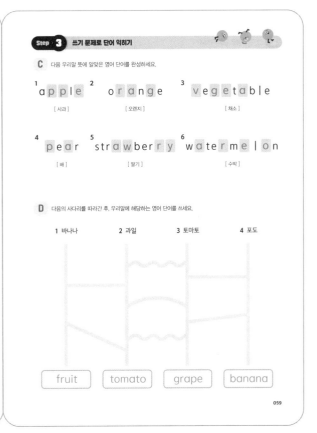

Step 3 쓰기 문제로 단어 익히기

C 다음 우리말 뜻에 알맞은 영어 단어를 완성하세요.

1 a p p l e [사과]

2 o r a n g e [오렌지]

3 v e g e t a b l e [채소]

4 p e a r [배]

5 s t r a w b e r r y [딸기]

6 w a t e r m e l o n [수박]

D 다음의 사다리를 따라간 후, 우리말에 해당하는 영어 단어를 쓰세요.

1 바나나 2 과일 3 토마토 4 포도

fruit tomato grape banana

059

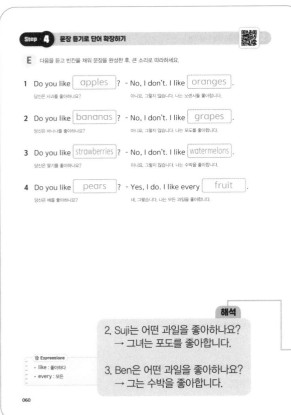

Step 4 문장 듣기로 단어 확장하기

E 다음을 듣고 빈칸을 채워 문장을 완성한 후, 큰 소리로 따라하세요.

1 Do you like apples ? - No, I don't. I like oranges .
당신은 사과를 좋아하나요? 아니요, 그렇지 않습니다. 나는 오렌지를 좋아합니다.

2 Do you like bananas ? - No, I don't. I like grapes .
당신은 바나나를 좋아하나요? 아니요, 그렇지 않습니다. 나는 포도를 좋아합니다.

3 Do you like strawberries ? - No, I don't. I like watermelons .
당신은 딸기를 좋아하나요? 아니요, 그렇지 않습니다. 나는 수박을 좋아합니다.

4 Do you like pears ? - Yes, I do. I like every fruit .
당신은 배를 좋아하나요? 네, 그렇습니다. 나는 모든 과일을 좋아합니다.

해석

2. Suji는 어떤 과일을 좋아하나요?
→ 그녀는 포도를 좋아합니다.

3. Ben은 어떤 과일을 좋아하나요?
→ 그는 수박을 좋아합니다.

📋 Expressions
• like : 좋아하다
• every : 모든

060

Step 5 글 읽기로 단어 확장하기

F 다음 글을 읽고, 물음에 답하세요. 2번과 3번은 글에 쓰인 표현을 사용해 답하세요.

Do You Like Fruit?

Do you like apples, Andy?
No, I don't. I like oranges.

Do you like bananas, Suji?
No, I don't. I like grapes.

Do you like strawberries, Ben?
No, I don't. I like watermelons.

Do you like pears, Lisa?
Yes, I do. I like every fruit.

해석

과일을 좋아하니?

Andy, 너는 사과를 좋아하니?
아니, 그렇지 않아. 나는 오렌지를 좋아해.

Suji, 너는 바나나를 좋아하니?
아니, 그렇지 않아. 나는 포도를 좋아해.

Ben, 너는 딸기를 좋아하니?
아니, 그렇지 않아. 나는 수박을 좋아해.

Lisa, 너는 배를 좋아하니?
응, 그래. 나는 모든 과일을 좋아해.

1. 이야기의 순서대로 그림 아래에 1~4의 숫자를
③ ② ④ ①

2. What fruit does Suji like?
→ She likes grapes .

3. What fruit does Ben like?
→ He likes watermelons .

061

Quick Check

1 apple → 사과 2 banana → 바나나 3 pear → 배 4 fruit → 과일 5 tomato → 토마토

6 watermelon → 수박 7 orange → 오렌지 8 grape → 포도 9 strawberry → 딸기 10 vegetable → 채소

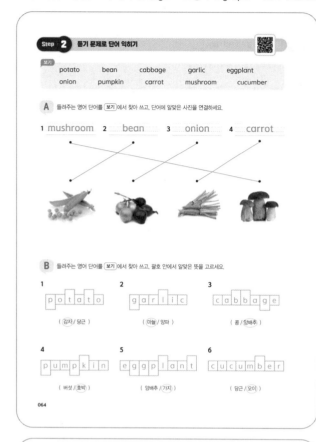

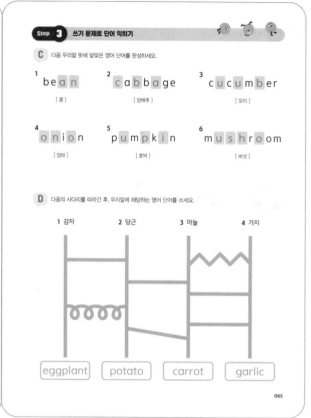

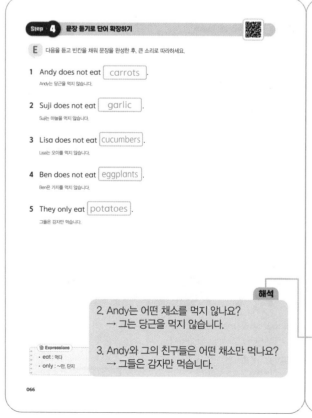

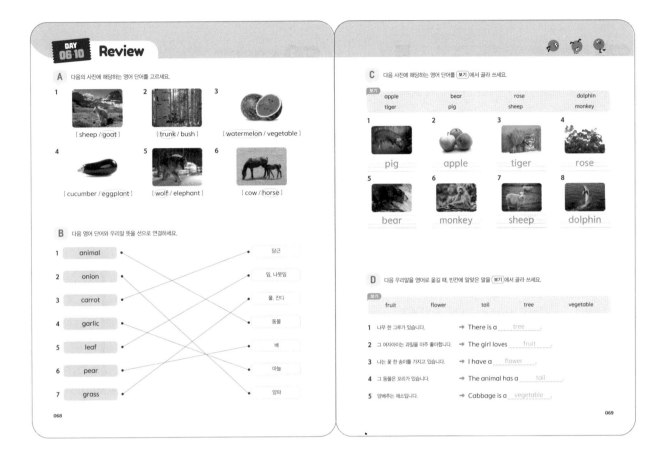

DAY 06·10 Review

A 다음의 사진에 해당하는 영어 단어를 고르세요.

1 [sheep / goat]

2 [trunk / bush]

3 [watermelon / vegetable]

4 [cucumber / eggplant]

5 [wolf / elephant]

6 [cow / horse]

B 다음 영어 단어와 우리말 뜻을 선으로 연결하세요.

1 animal · · 당근
2 onion · · 잎, 나뭇잎
3 carrot · · 풀, 잔디
4 garlic · · 동물
5 leaf · · 배
6 pear · · 마늘
7 grass · · 양파

068

C 다음 사진에 해당하는 영어 단어를 보기 에서 골라 쓰세요.

보기
apple   bear   rose   dolphin
tiger   pig   sheep   monkey

1 pig
2 apple
3 tiger
4 rose
5 bear
6 monkey
7 sheep
8 dolphin

D 다음 우리말을 영어로 옮길 때, 빈칸에 알맞은 말을 보기 에서 골라 쓰세요.

보기
fruit   flower   tail   tree   vegetable

1 나무 한 그루가 있습니다. → There is a ___tree___.
2 그 여자아이는 과일을 아주 좋아합니다. → The girl loves ___fruit___.
3 나는 꽃 한 송이를 가지고 있습니다. → I have a ___flower___.
4 그 동물은 꼬리가 있습니다. → The animal has a ___tail___.
5 양배추는 채소입니다. → Cabbage is a ___vegetable___.

069

DAY 11

Quick Check

1 bean → 콩 2 eggplant → 가지 3 garlic → 마늘 4 pumpkin → 호박 5 carrot → 당근

6 cabbage → 양배추 7 cucumber → 오이 8 mushroom → 버섯 9 onion → 양파 10 potato → 감자

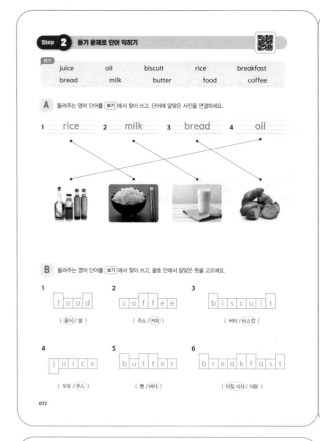

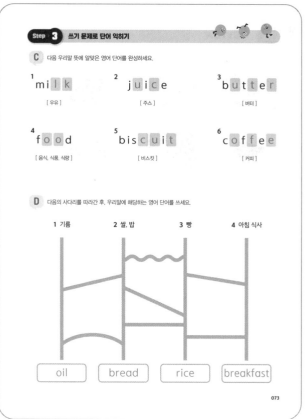

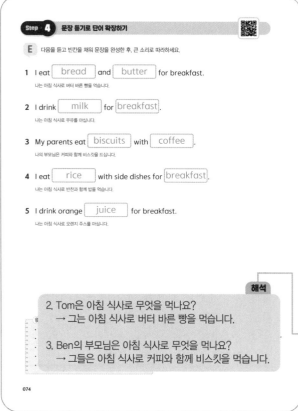

Quick Check

1 butter → 버터 2 juice → 주스 3 oil → 기름 4 coffee → 커피 5 bread → 빵

6 rice → 쌀, 밥 7 food → 음식, 식품, 식량 8 biscuit → 비스킷 9 breakfast → 아침 식사 10 milk → 우유

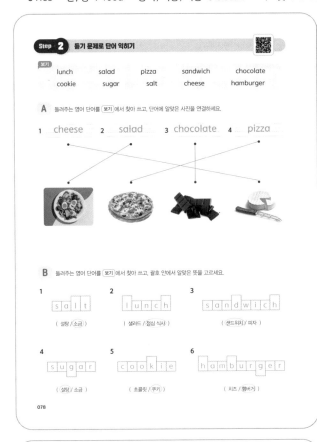

Step 2 듣기 문제로 단어 익히기

보기
lunch　salad　pizza　sandwich　chocolate
cookie　sugar　salt　cheese　hamburger

A 들려주는 영어 단어를 보기에서 찾아 쓰고, 단어에 알맞은 사진을 연결하세요.

1 cheese　2 salad　3 chocolate　4 pizza

B 들려주는 영어 단어를 보기에서 찾아 쓰고, 괄호 안에서 알맞은 뜻을 고르세요.

1 s a l t　(설탕 /소금)

2 l u n c h　(샐러드 /점심 식사)

3 s a n d w i c h　(샌드위치 / 피자)

4 s u g a r　(설탕 / 소금)

5 c o o k i e　(초콜릿 /쿠키)

6 h a m b u r g e r　(치즈 /햄버거)

078

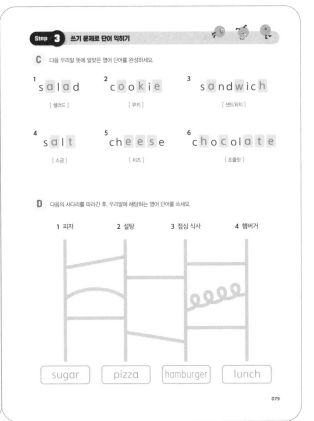

Step 3 쓰기 문제로 단어 익히기

C 다음 우리말 뜻에 알맞은 영어 단어를 완성하세요.

1 s a l a d [샐러드]

2 c o o k i e [쿠키]

3 s a n d w i c h [샌드위치]

4 s a l t [소금]

5 c h e e s e [치즈]

6 c h o c o l a t e [초콜릿]

D 다음의 사다리를 따라간 후, 우리말에 해당하는 영어 단어를 쓰세요.

1 피자　2 설탕　3 점심 식사　4 햄버거

sugar　pizza　hamburger　lunch

079

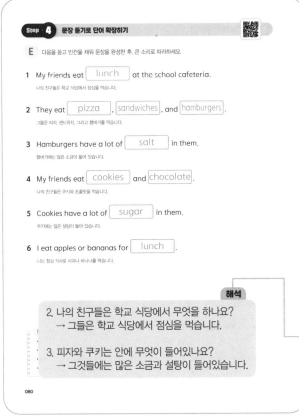

Step 4 문장 듣기로 단어 확장하기

E 다음을 듣고 빈칸을 채워 문장을 완성한 후, 큰 소리로 따라하세요.

1 My friends eat lunch at the school cafeteria.
나의 친구들은 학교 식당에서 점심을 먹습니다.

2 They eat pizza , sandwiches , and hamburgers .
그들은 피자, 샌드위치, 그리고 햄버거를 먹습니다.

3 Hamburgers have a lot of salt in them.
햄버거에는 많은 소금이 들어 있습니다.

4 My friends eat cookies and chocolate .
나의 친구들은 쿠키와 초콜릿을 먹습니다.

5 Cookies have a lot of sugar in them.
쿠키에는 많은 설탕이 들어 있습니다.

6 I eat apples or bananas for lunch .
나는 점심 식사로 사과나 바나나를 먹습니다.

해석

2. 나의 친구들은 학교 식당에서 무엇을 하나요?
→ 그들은 학교 식당에서 점심을 먹습니다.

3. 피자와 쿠키는 안에 무엇이 들어있나요?
→ 그것들에는 많은 소금과 설탕이 들어있습니다.

080

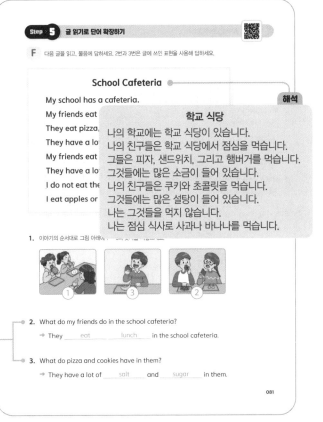

Step 5 글 읽기로 단어 확장하기

F 다음 글을 읽고, 물음에 답하세요. 2번과 3번은 글에 쓰인 표현을 사용해 답하세요.

School Cafeteria

My school has a cafeteria.
My friends eat
They eat pizza,
They have a lo
My friends eat
They have a lo
I do not eat the
I eat apples or

해석

학교 식당

나의 학교에는 학교 식당이 있습니다.
나의 친구들은 학교 식당에서 점심을 먹습니다.
그들은 피자, 샌드위치, 그리고 햄버거를 먹습니다.
그것들에는 많은 소금이 들어 있습니다.
나의 친구들은 쿠키와 초콜릿을 먹습니다.
그것들에는 많은 설탕이 들어 있습니다.
나는 그것들을 먹지 않습니다.
나는 점심 식사로 사과나 바나나를 먹습니다.

1. 이야기의 순서대로 그림 아래에 ... 숫자 ...

2. What do my friends do in the school cafeteria?
→ They eat lunch in the school cafeteria.

3. What do pizza and cookies have in them?
→ They have a lot of salt and sugar in them.

081

Quick Check

1 pizza → 피자 2 salt → 소금 3 cheese → 치즈 4 salad → 샐러드 5 lunch → 정심 식사

6 sugar → 설탕 7 cookie → 쿠키 8 sandwich → 샌드위치 9 hamburger → 햄버거 10 chocolate → 초콜릿

Step 2 듣기 문제로 단어 익히기

보기
meat	soup	fish	dinner	choose
finish	beef	steak	chicken	spaghetti

A 들려주는 영어 단어를 보기에서 찾아 쓰고, 단어에 알맞은 사진을 연결하세요.

1 soup 2 fish 3 spaghetti 4 chicken

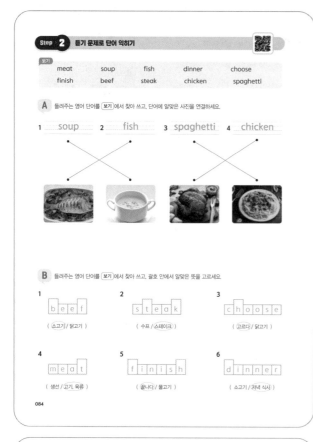

B 들려주는 영어 단어를 보기에서 찾아 쓰고, 괄호 안에서 알맞은 뜻을 고르세요.

1 b e e f
(소고기 / 닭고기)

2 s t e a k
(수프 / 스테이크)

3 c h o o s e
(고르다 / 닭고기)

4 m e a t
(생선 / 고기, 육류)

5 f i n i s h
(끝나다 / 물고기)

6 d i n n e r
(소고기 / 저녁 식사)

084

Step 3 쓰기 문제로 단어 익히기

C 다음 우리말 뜻에 알맞은 영어 단어를 완성하세요.

1 f i s h
[생선, 물고기]

2 s o u p
[수프]

3 s p a g h e t t i
[스파게티]

4 b e e f
[소고기]

5 d i n n e r
[저녁 식사]

6 s t e a k
[스테이크]

D 다음의 사다리를 따라간 후, 우리말에 해당하는 영어 단어를 쓰세요.

1 고기, 육류   2 끝나다, 끝내다, 다 먹다   3 고르다, 선택하다   4 닭고기

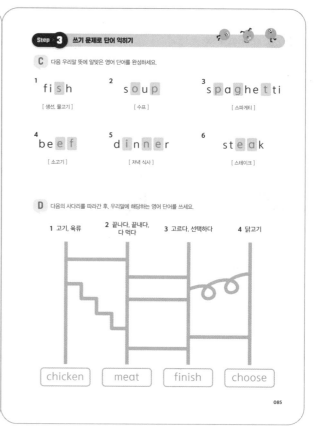

| chicken | meat | finish | choose |

085

Step 4 문장 듣기로 단어 확장하기

E 다음을 듣고 빈칸을 채워 문장을 완성한 후, 큰 소리로 따라하세요.

1 We [choose] food for [dinner].
우리는 저녁 식사를 위한 음식을 선택합니다.

2 My father likes [chicken].
나의 아버지는 닭고기를 좋아합니다.

3 I [choose] chicken with rice.
나는 밥과 함께 닭고기를 선택합니다.

4 She does not like [beef].
그녀는 소고기를 좋아하지 않습니다.

5 She chooses [fish] with [soup].
그녀는 수프와 함께 생선을 선택합니다.

6 I choose [steak] with rice and potatoes.
나는 밥과 감자와 함께 스테이크를 선택합니다.

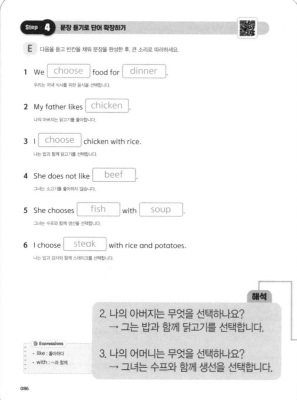

해석

2. 나의 아버지는 무엇을 선택하나요?
→ 그는 밥과 함께 닭고기를 선택합니다.

3. 나의 어머니는 무엇을 선택하나요?
→ 그녀는 수프와 함께 생선을 선택합니다.

📘 Expressions
· like : 좋아하다
· with : ~과 함께

086

Step 5 글 읽기로 단어 확장하기

F 다음 글을 읽고, 물음에 답하세요. 2번과 3번은 글에 쓰인 표현을 사용해 답하세요.

What Do You Choose for Dinner?

My family is at a restaurant.
We choose food for...
My father likes chic...
He chooses chicken...
My mother does no...
She does not like be...
She chooses fish wi...
I choose steak with...
All the food is good...

해석

저녁 식사로 무엇을 선택하나요?
나의 가족들은 식당에 있습니다.
우리는 저녁 식사를 위한 음식을 선택합니다.
나의 아버지는 닭고기를 좋아합니다.
그는 밥과 함께 닭고기를 선택합니다.
나의 어머니는 닭고기를 좋아하지 않습니다.
그녀는 소고기를 좋아하지 않습니다.
그녀는 수프와 함께 생선을 선택합니다.
나는 밥과 감자와 함께 스테이크를 선택합니다.
모든 음식이 훌륭합니다!

1. 이야기의 순서대로 그림 아래에 1~4의 숫자를 써보세요.

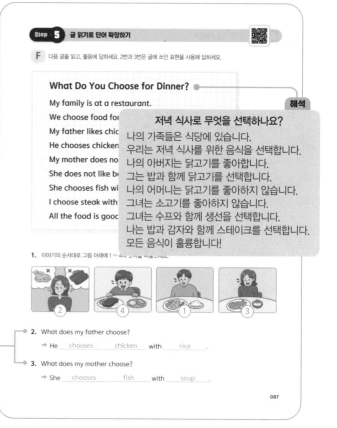

2. What does my father choose?
→ He [chooses] [chicken] with [rice].

3. What does my mother choose?
→ She [chooses] [fish] with [soup].

087

DAY 14

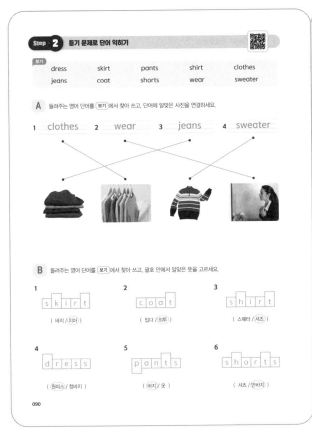

Step 2 듣기 문제로 단어 익히기

[보기] dress skirt pants shirt clothes jeans coat shorts wear sweater

A 들려주는 영어 단어를 [보기]에서 찾아 쓰고, 단어에 알맞은 사진을 연결하세요.

1 clothes 2 wear 3 jeans 4 sweater

B 들려주는 영어 단어를 [보기]에서 찾아 쓰고, 괄호 안에서 알맞은 뜻을 고르세요.

1 s k i r t (바지 / 치마)

2 c o a t (입다 / 외투)

3 s h i r t (스웨터 / 셔츠)

4 d r e s s (원피스 / 청바지)

5 p a n t s (바지 / 옷)

6 s h o r t s (셔츠 / 반바지)

090

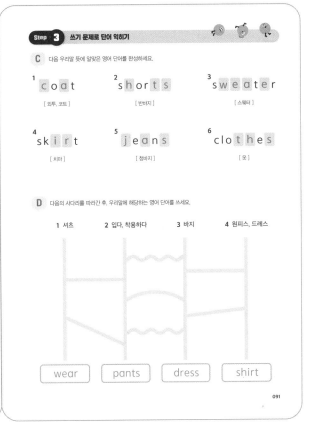

Step 3 쓰기 문제로 단어 익히기

C 다음 우리말 뜻에 알맞은 영어 단어를 완성하세요.

1 c o a t [외투, 코트]

2 s h o r t s [반바지]

3 s w e a t e r [스웨터]

4 s k i r t [치마]

5 j e a n s [청바지]

6 c l o t h e s [옷]

D 다음의 사다리를 따라간 후, 우리말에 해당하는 영어 단어를 쓰세요.

1 셔츠 2 입다, 착용하다 3 바지 4 원피스, 드레스

wear pants dress shirt

091

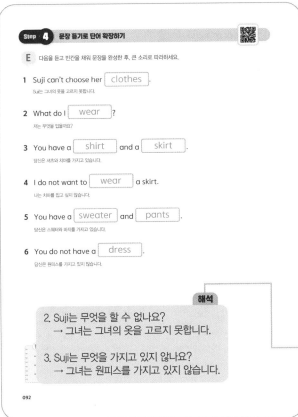

Step 4 문장 듣기로 단어 확장하기

E 다음을 듣고 빈칸을 채워 문장을 완성한 후, 큰 소리로 따라하세요.

1 Suji can't choose her clothes .
Suji는 그녀의 옷을 고르지 못합니다.

2 What do I wear ?
저는 무엇을 입을까요?

3 You have a shirt and a skirt .
당신은 셔츠와 치마를 가지고 있습니다.

4 I do not want to wear a skirt.
나는 치마를 입고 싶지 않습니다.

5 You have a sweater and pants .
당신은 스웨터와 바지를 가지고 있습니다.

6 You do not have a dress .
당신은 원피스를 가지고 있지 않습니다.

해석

2. Suji는 무엇을 할 수 없나요?
→ 그녀는 그녀의 옷을 고르지 못합니다.

3. Suji는 무엇을 가지고 있지 않나요?
→ 그녀는 원피스를 가지고 있지 않습니다.

092

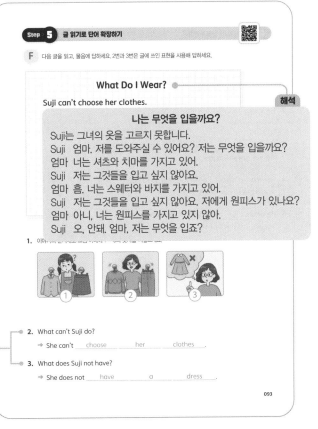

Step 5 글 읽기로 단어 확장하기

F 다음 글을 읽고, 물음에 답하세요. 2번과 3번은 글에 쓰인 표현을 사용해 답하세요.

What Do I Wear?

Suji can't choose her clothes.

해석

나는 무엇을 입을까요?
Suji는 그녀의 옷을 고르지 못합니다.
Suji 엄마, 저를 도와주실 수 있어요? 저는 무엇을 입을까요?
엄마 너는 셔츠와 치마를 가지고 있어.
Suji 저는 그것들을 입고 싶지 않아요.
엄마 흠. 너는 스웨터와 바지를 가지고 있어.
Suji 저는 그것들을 입고 싶지 않아요. 저에게 원피스가 있나요?
엄마 아니, 너는 원피스를 가지고 있지 않아.
Suji 오, 안돼. 엄마, 저는 무엇을 입죠?

1. 이야기

2. What can't Suji do?
→ She can't choose her clothes .

3. What does Suji not have?
→ She does not have a dress .

093

Quick Check

1 wear → 입다, 착용하다 2 shirt → 셔츠 3 dress → 원피스, 드레스 4 pants → 바지 5 shorts → 반바지

6 clothes → 옷 7 coat → 외투, 코트 8 jeans → 청바지 9 sweater → 스웨터 10 skirt → 치마

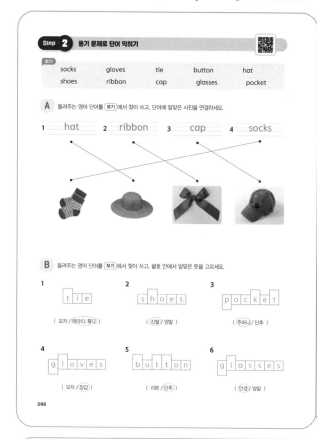

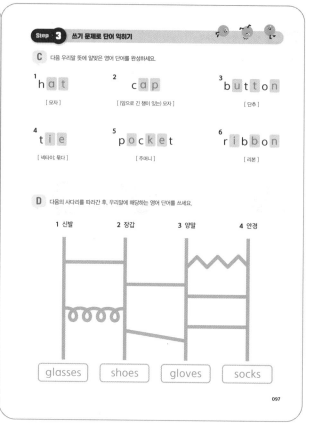

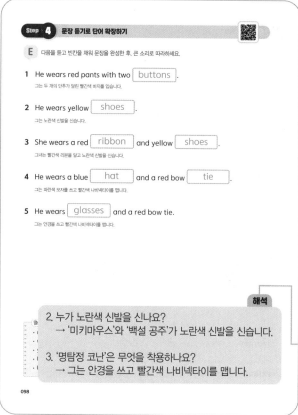

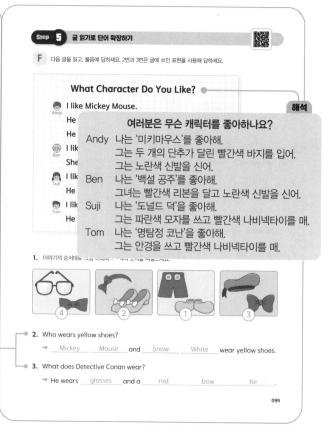

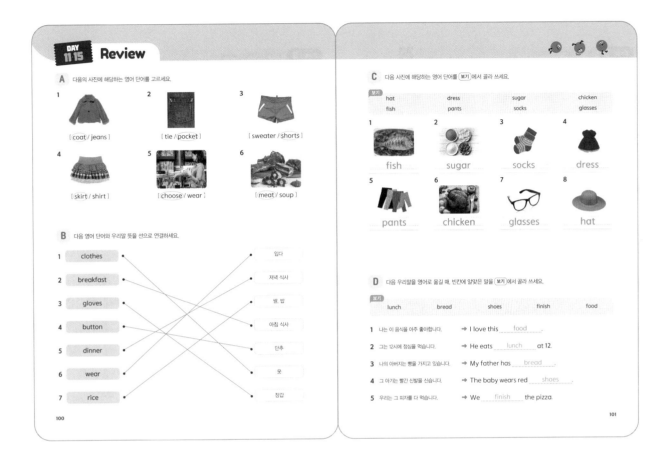

DAY 11-15 **Review**

A 다음의 사진에 해당하는 영어 단어를 고르세요.

1 [coat / jeans]

2 [tie / pocket]

3 [sweater / shorts]

4 [skirt / shirt]

5 [choose / wear]

6 [meat / soup]

B 다음 영어 단어와 우리말 뜻을 선으로 연결하세요.

1 clothes   입다

2 breakfast   저녁 식사

3 gloves   쌀, 밥

4 button   아침 식사

5 dinner   단추

6 wear   옷

7 rice   정갑

C 다음 사진에 해당하는 영어 단어를 보기 에서 골라 쓰세요.

보기
hat   dress   sugar   chicken
fish   pants   socks   glasses

1 fish

2 sugar

3 socks

4 dress

5 pants

6 chicken

7 glasses

8 hat

D 다음 우리말을 영어로 옮길 때, 빈칸에 알맞은 말을 보기 에서 골라 쓰세요.

보기
lunch   bread   shoes   finish   food

1 나는 이 음식을 아주 좋아합니다.   → I love this ___food___.

2 그는 12시에 점심을 먹습니다.   → He eats ___lunch___ at 12.

3 나의 아버지는 빵을 가지고 있습니다.   → My father has ___bread___.

4 그 아기는 빨간 신발을 신습니다.   → The baby wears red ___shoes___.

5 우리는 그 피자를 다 먹습니다.   → We ___finish___ the pizza.

100

101

정답 및 해석 **51**

Quick Check

1 hat → 모자 2 cap → (앞으로 긴 챙이 있는) 모자 3 tie → 넥타이; 묶다 4 ribbon → 리본 5 socks → 양말

6 button → 단추 7 gloves → 장갑 8 shoes → 신발 9 pocket → 주머니 10 glasses → 안경

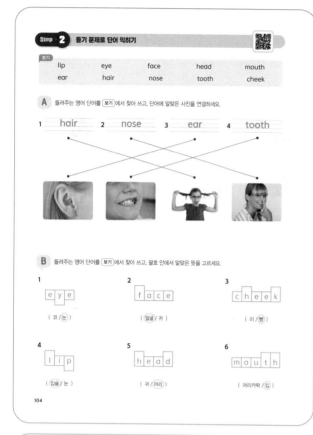

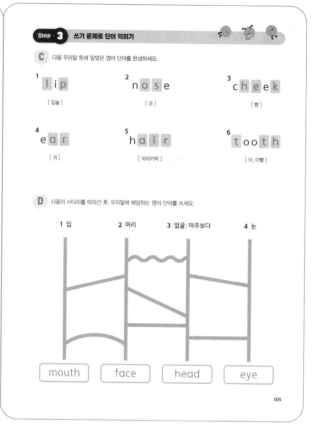

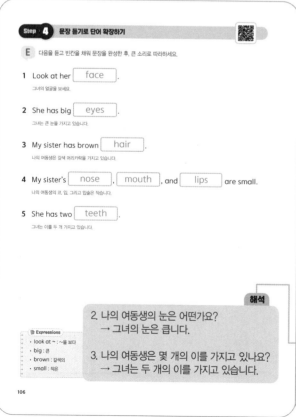

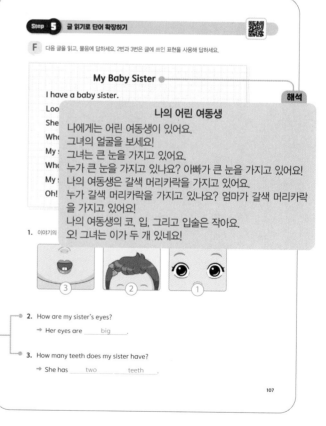

DAY 17

Quick Check

1 eye → 눈 2 nose → 코 3 lip → 입술 4 hair → 머리카락 5 head → 머리

6 face → 얼굴; 마주보다 7 cheek → 뺨 8 tooth → 이, 이빨 9 ear → 귀 10 mouth → 입

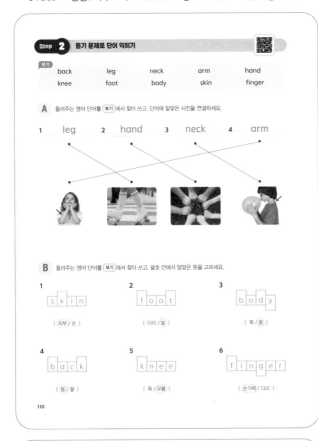

Step 2 듣기 문제로 단어 익히기

보기
| back | leg | neck | arm | hand |
| knee | foot | body | skin | finger |

A 들려주는 영어 단어를 보기 에서 찾아 쓰고, 단어에 알맞은 사진을 연결하세요.

1 leg 2 hand 3 neck 4 arm

B 들려주는 영어 단어를 보기 에서 찾아 쓰고, 괄호 안에서 알맞은 뜻을 고르세요.

1 s k i n (피부 / 손)

2 f o o t (다리 / 발)

3 b o d y (목 / 몸)

4 b a c k (몸 / 팔)

5 k n e e (목 / 무릎)

6 f i n g e r (손가락 / 다리)

110

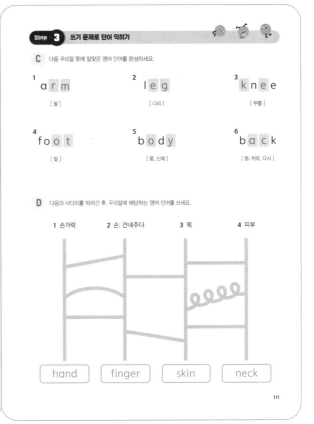

Step 3 쓰기 문제로 단어 익히기

C 다음 우리말 뜻에 알맞은 영어 단어를 완성하세요.

1 a r m [팔]

2 l e g [다리]

3 k n e e [무릎]

4 f o o t [발]

5 b o d y [몸, 신체]

6 b a c k [등; 뒤로, 다시]

D 다음의 사다리를 따라간 후, 우리말에 해당하는 영어 단어를 쓰세요.

1 손가락 2 손; 건네주다 3 목 4 피부

hand finger skin neck

111

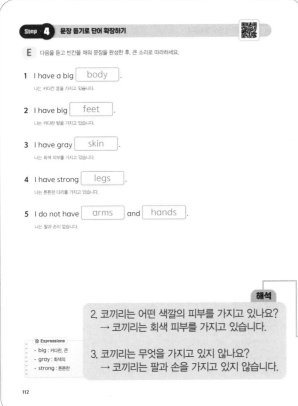

Step 4 문장 듣기로 단어 확장하기

E 다음을 듣고 빈칸을 채워 문장을 완성한 후, 큰 소리로 따라하세요.

1 I have a big body .
나는 커다란 몸을 가지고 있습니다.

2 I have big feet .
나는 커다란 발을 가지고 있습니다.

3 I have gray skin .
나는 회색 피부를 가지고 있습니다.

4 I have strong legs .
나는 튼튼한 다리를 가지고 있습니다.

5 I do not have arms and hands .
나는 팔과 손이 없습니다.

해석

2. 코끼리는 어떤 색깔의 피부를 가지고 있나요?
→ 코끼리는 회색 피부를 가지고 있습니다.

3. 코끼리는 무엇을 가지고 있지 않나요?
→ 코끼리는 팔과 손을 가지고 있지 않습니다.

Expressions
• big : 커다란, 큰
• gray : 회색의
• strong : 튼튼한

112

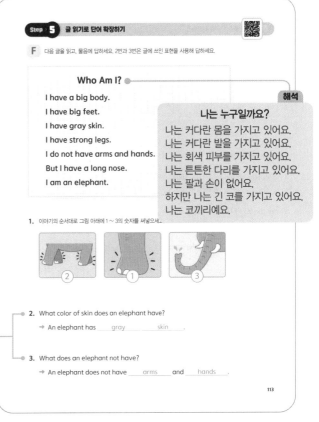

Step 5 글 읽기로 단어 확장하기

F 다음 글을 읽고, 물음에 답하세요. 2번과 3번은 글에 쓰인 표현을 사용해 답하세요.

Who Am I?

I have a big body.
I have big feet.
I have gray skin.
I have strong legs.
I do not have arms and hands.
But I have a long nose.
I am an elephant.

해석

나는 누구일까요?
나는 커다란 몸을 가지고 있어요.
나는 커다란 발을 가지고 있어요.
나는 회색 피부를 가지고 있어요.
나는 튼튼한 다리를 가지고 있어요.
나는 팔과 손이 없어요.
하지만 나는 긴 코를 가지고 있어요.
나는 코끼리예요.

1. 이야기의 순서대로 그림 아래에 1 ~ 3의 숫자를 써넣으세요.

② ① ③

2. What color of skin does an elephant have?
→ An elephant has gray skin .

3. What does an elephant not have?
→ An elephant does not have arms and hands .

113

DAY 18

Quick Check
1 back → 등; 뒤로, 다시 2 skin → 피부 3 knee → 무릎 4 foot → 발 5 arm → 팔
6 body → 몸, 신체 7 hand → 손; 건네주다 8 finger → 손가락 9 leg → 다리 10 neck → 목

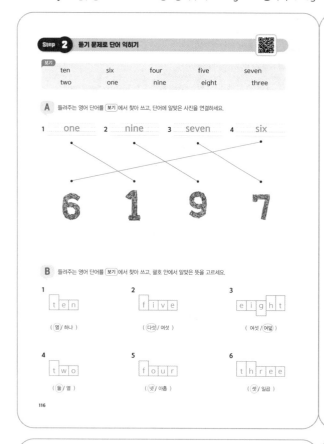

Step 2 듣기 문제로 단어 익히기

보기
| ten | six | four | five | seven |
| two | one | nine | eight | three |

A 들려주는 영어 단어를 보기 에서 찾아 쓰고, 단어에 알맞은 사진을 연결하세요.

1 one 2 nine 3 seven 4 six

6 1 9 7

B 들려주는 영어 단어를 보기 에서 찾아 쓰고, 괄호 안에서 알맞은 뜻을 고르세요.

1 t e n (열 / 하나)
2 f i v e (다섯 / 여섯)
3 e i g h t (여섯 / 여덟)
4 t w o (둘 / 열)
5 f o u r (넷 / 아홉)
6 t h r e e (셋 / 일곱)

116

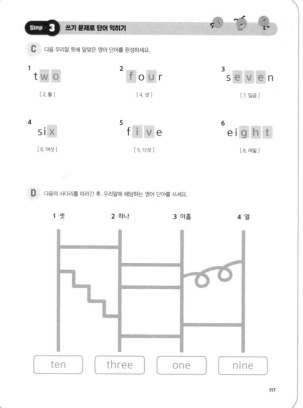

Step 3 쓰기 문제로 단어 익히기

C 다음 우리말 뜻에 알맞은 영어 단어를 완성하세요.

1 t w o [2, 둘]
2 f o u r [4, 넷]
3 s e v e n [7, 일곱]
4 s i x [6, 여섯]
5 f i v e [5, 다섯]
6 e i g h t [8, 여덟]

D 다음의 사다리를 따라간 후, 우리말에 해당하는 영어 단어를 쓰세요.

1 셋 2 하나 3 아홉 4 열

ten three one nine

117

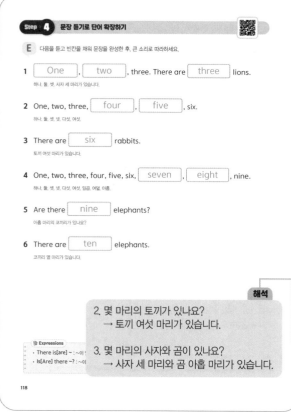

Step 4 문장 듣기로 단어 확장하기

E 다음을 듣고 빈칸을 채워 문장을 완성한 후, 큰 소리로 따라하세요.

1 One , two , three. There are three lions.
하나, 둘, 셋. 사자 세 마리가 있습니다.

2 One, two, three, four , five , six.
하나, 둘, 셋, 넷, 다섯, 여섯.

3 There are six rabbits.
토끼 여섯 마리가 있습니다.

4 One, two, three, four, five, six, seven , eight , nine.
하나, 둘, 셋, 넷, 다섯, 여섯, 일곱, 여덟, 아홉.

5 Are there nine elephants?
아홉 마리의 코끼리가 있나요?

6 There are ten elephants.
코끼리 열 마리가 있습니다.

해석
2. 몇 마리의 토끼가 있나요?
→ 토끼 여섯 마리가 있습니다.

3. 몇 마리의 사자와 곰이 있나요?
→ 사자 세 마리와 곰 아홉 마리가 있습니다.

📖 Expressions
· There is[are] ~ : ~이[들이] 있다
· Is[Are] there ~? : ~이[들이] 있나요?

118

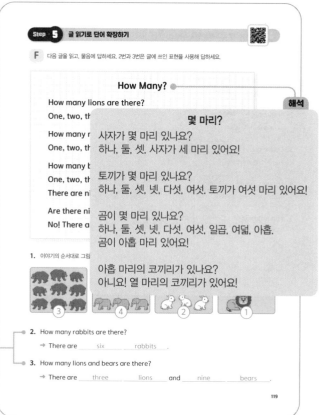

Step 5 글 읽기로 단어 확장하기

F 다음 글을 읽고, 물음에 답하세요. 2번과 3번은 글에 쓰인 표현을 사용해 답하세요.

How Many?

How many lions are there?
One, two, th...

How many ...
One, two, th...

How many b...
One, two, th...
There are ni...

Are there ni...
No! There a...

해석
몇 마리?

사자가 몇 마리 있나요?
하나, 둘, 셋. 사자가 세 마리 있어요!

토끼가 몇 마리 있나요?
하나, 둘, 셋, 넷, 다섯, 여섯. 토끼가 여섯 마리 있어요!

곰이 몇 마리 있나요?
하나, 둘, 셋, 넷, 다섯, 여섯, 일곱, 여덟, 아홉.
곰이 아홉 마리 있어요!

아홉 마리의 코끼리가 있나요?
아니요! 열 마리의 코끼리가 있어요!

1. 이야기의 순서대로 그림...

3 4 2 1

2. How many rabbits are there?
→ There are six rabbits .

3. How many lions and bears are there?
→ There are three lions and nine bears .

119

DAY 19

Quick Check

1 one → 1, 하나 2 three → 3, 셋 3 nine → 9, 아홉 4 seven → 7, 일곱 5 ten → 10, 열

6 two → 2, 둘 7 eight → 8, 여덟 8 six → 6, 여섯 9 five → 5, 다섯 10 four → 4, 넷

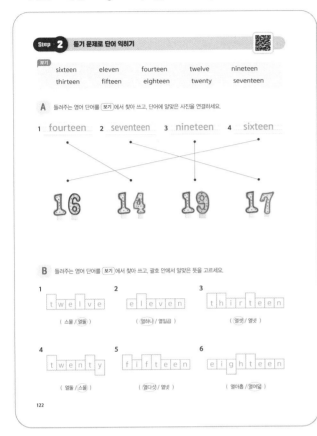

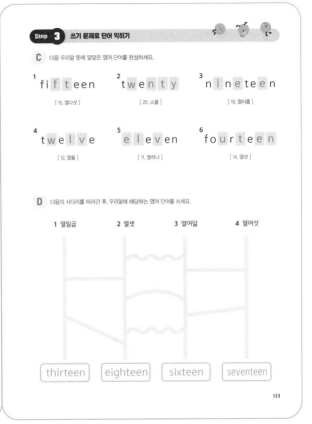

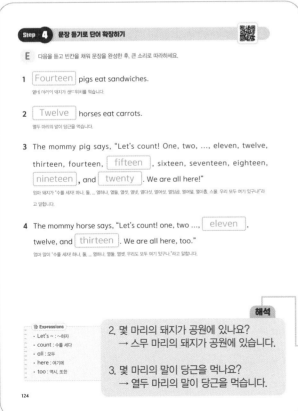

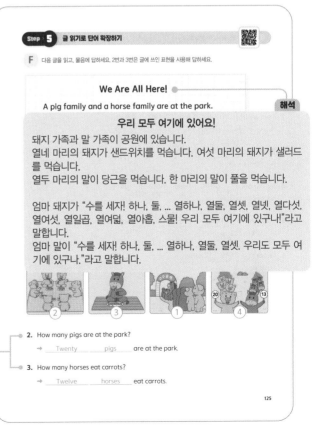

DAY 20

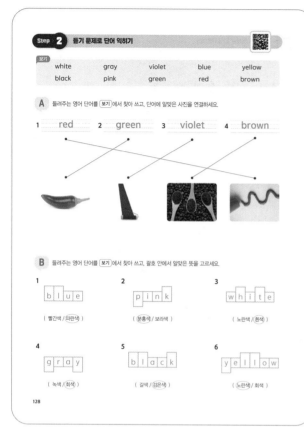

Step 2 듣기 문제로 단어 익히기

보기
| white | gray | violet | blue | yellow |
| black | pink | green | red | brown |

A 들려주는 영어 단어를 [보기]에서 찾아 쓰고, 단어에 알맞은 사진을 연결하세요.

1 red 2 green 3 violet 4 brown

B 들려주는 영어 단어를 [보기]에서 찾아 쓰고, 괄호 안에서 알맞은 뜻을 고르세요.

1 b l u e (빨간색 / 파란색)
2 p i n k (분홍색 / 보라색)
3 w h i t e (노란색 / 흰색)
4 g r a y (녹색 / 회색)
5 b l a c k (갈색 / 검은색)
6 y e l l o w (노란색 / 회색)

128

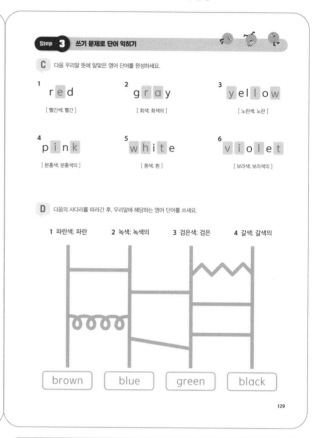

Step 3 쓰기 문제로 단어 익히기

C 다음 우리말 뜻에 알맞은 영어 단어를 완성하세요.

1 r e d [빨간색; 빨간]
2 g r a y [회색; 회색의]
3 y e l l o w [노란색; 노란]
4 p i n k [분홍색; 분홍색의]
5 w h i t e [흰색; 흰]
6 v i o l e t [보라색; 보라색의]

D 다음의 사다리를 따라간 후, 우리말에 해당하는 영어 단어를 쓰세요.

1 파란색: 파란 2 녹색: 녹색의 3 검은색: 검은 4 갈색: 갈색의

| brown | blue | green | black |

129

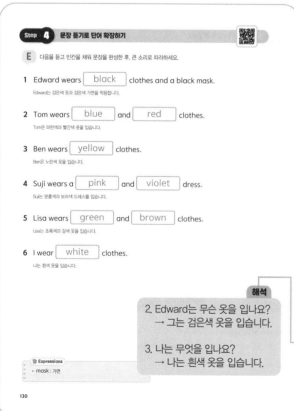

Step 4 문장 듣기로 단어 확장하기

E 다음을 듣고 빈칸을 채워 문장을 완성한 후, 큰 소리로 따라하세요.

1 Edward wears black clothes and a black mask.
Edward는 검은색 옷과 검은색 가면을 착용합니다.

2 Tom wears blue and red clothes.
Tom은 파란색과 빨간색 옷을 입습니다.

3 Ben wears yellow clothes.
Ben은 노란색 옷을 입습니다.

4 Suji wears a pink and violet dress.
Suji는 분홍색과 보라색 드레스를 입습니다.

5 Lisa wears green and brown clothes.
Lisa는 초록색과 갈색 옷을 입습니다.

6 I wear white clothes.
나는 흰색 옷을 입습니다.

해석
2. Edward는 무슨 옷을 입나요?
→ 그는 검은색 옷을 입습니다.

3. 나는 무엇을 입나요?
→ 나는 흰색 옷을 입습니다.

Expressions
· mask : 가면

130

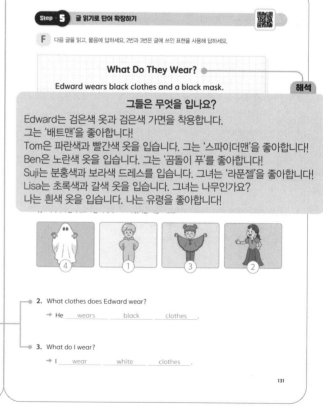

Step 5 글 읽기로 단어 확장하기

F 다음 글을 읽고, 물음에 답하세요. 2번과 3번은 글에 쓰인 표현을 사용해 답하세요.

What Do They Wear?

Edward wears black clothes and a black mask.

해석
그들은 무엇을 입나요?
Edward는 검은색 옷과 검은색 가면을 착용합니다.
그는 '배트맨'을 좋아합니다!
Tom은 파란색과 빨간색 옷을 입습니다. 그는 '스파이더맨'을 좋아합니다!
Ben은 노란색 옷을 입습니다. 그는 '곰돌이 푸'를 좋아합니다!
Suji는 분홍색과 보라색 드레스를 입습니다. 그녀는 '라푼젤'을 좋아합니다!
Lisa는 초록색과 갈색 옷을 입습니다. 그녀는 나무인가요?
나는 흰색 옷을 입습니다. 나는 유령을 좋아합니다!

④ ① ③ ②

2. What clothes does Edward wear?
→ He wears black clothes .

3. What do I wear?
→ I wear white clothes .

131

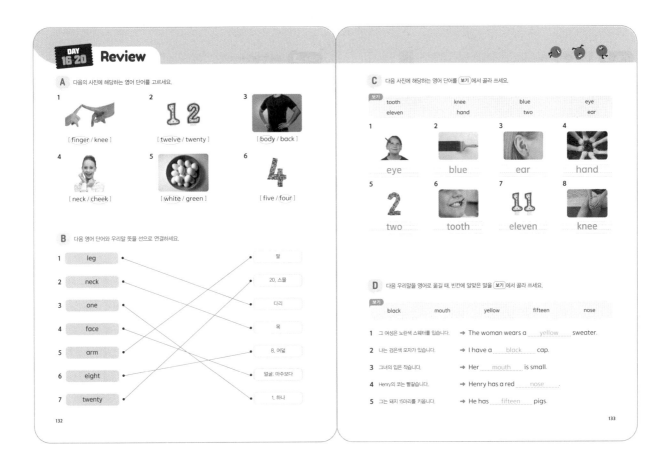

DAY 16-20 Review

A 다음의 사진에 해당하는 영어 단어를 고르세요.

1 [finger / knee]

2 [twelve / twenty]

3 [body / back]

4 [neck / cheek]

5 [white / green]

6 [five / four]

B 다음 영어 단어와 우리말 뜻을 선으로 연결하세요.

1 leg · · 팔

2 neck · · 20, 스물

3 one · · 다리

4 face · · 목

5 arm · · 8, 여덟

6 eight · · 얼굴; 마주보다

7 twenty · · 1, 하나

C 다음 사진에 해당하는 영어 단어를 보기에서 골라 쓰세요.

보기
| tooth | knee | blue | eye |
| eleven | hand | two | ear |

1 eye

2 blue

3 ear

4 hand

5 two

6 tooth

7 eleven

8 knee

D 다음 우리말을 영어로 옮길 때, 빈칸에 알맞은 말을 보기에서 골라 쓰세요.

보기
| black | mouth | yellow | fifteen | nose |

1 그 여성은 노란색 스웨터를 입습니다. → The woman wears a ___yellow___ sweater.

2 나는 검은색 모자가 있습니다. → I have a ___black___ cap.

3 그녀의 입은 작습니다. → Her ___mouth___ is small.

4 Henry의 코는 빨갛습니다. → Henry has a red ___nose___.

5 그는 돼지 15마리를 키웁니다. → He has ___fifteen___ pigs.

Quick Check

1 gray → 회색; 회색의 2 violet → 보라색; 보라색의 3 red → 빨간색; 빨간 4 pink → 분홍색; 분홍색의 5 yellow → 노란색; 노란

6 black → 검은색; 검은 7 brown → 갈색; 갈색의 8 white → 흰색; 흰 9 blue → 파란색; 파란 10 green → 녹색; 녹색의

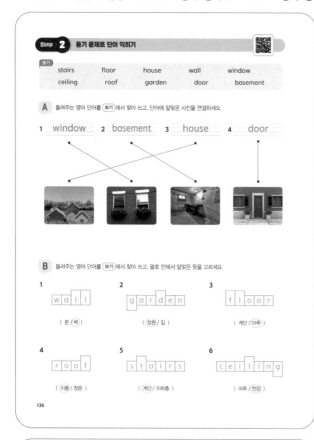

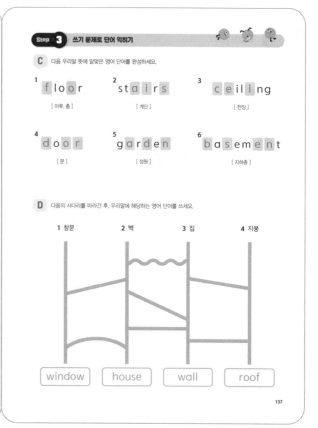

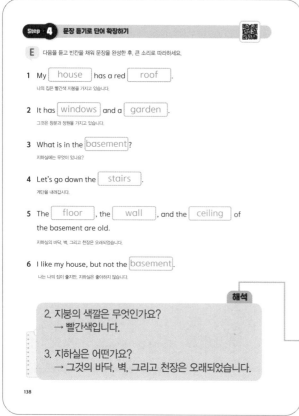

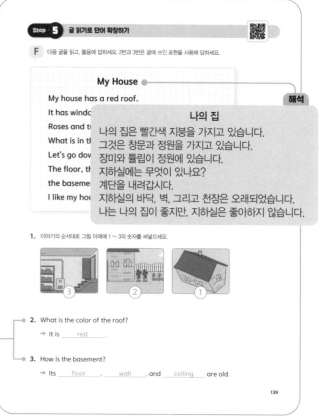

DAY 22

Quick Check

1 floor → 마루, 층 2 wall → 벽 3 roof → 지붕 4 ceiling → 천장 5 garden → 정원

6 window → 창문 7 house → 집 8 door → 문 9 basement → 지하층 10 stairs → 계단

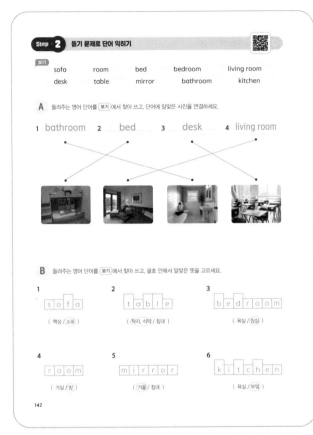

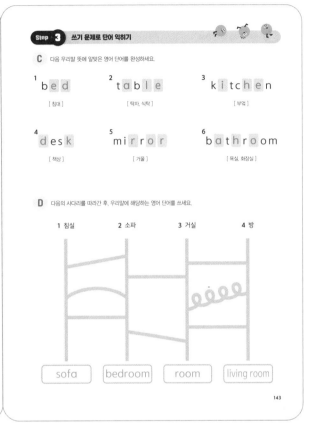

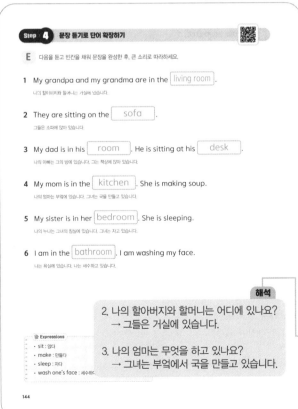

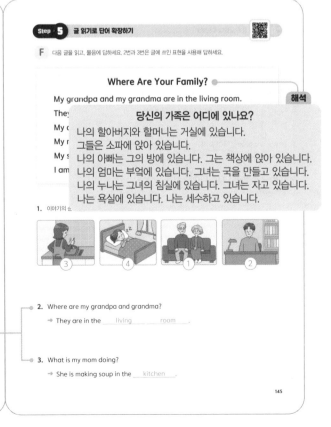

DAY 23

Quick Check

1 room → 방 2 desk → 책상 3 bed → 침대 4 mirror → 거울 5 sofa → 소파

6 table → 탁자, 식탁 7 kitchen → 부엌 8 bedroom → 침실 9 bathroom → 욕실, 화장실 10 living room → 거실

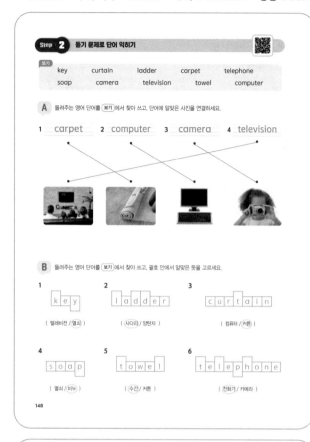

Step 2 듣기 문제로 단어 익히기

보기
key   curtain   ladder   carpet   telephone
soap   camera   television   towel   computer

A 들려주는 영어 단어를 보기에서 찾아 쓰고, 단어에 알맞은 사진을 연결하세요.

1 carpet   2 computer   3 camera   4 television

B 들려주는 영어 단어를 보기에서 찾아 쓰고, 괄호 안에서 알맞은 뜻을 고르세요.

1 k e y
(텔레비전 / 열쇠)

2 l a d d e r
(사다리 / 양탄자)

3 c u r t a i n
(컴퓨터 / 커튼)

4 s o a p
(열쇠 / 비누)

5 t o w e l
(수건 / 커튼)

6 t e l e p h o n e
(전화기 / 카메라)

148

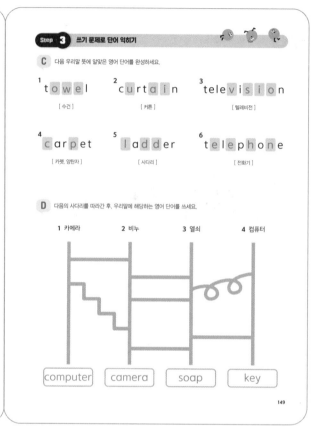

Step 3 쓰기 문제로 단어 익히기

C 다음 우리말 뜻에 알맞은 영어 단어를 완성하세요.

1 t o w e l
[수건]

2 c u r t a i n
[커튼]

3 t e l e v i s i o n
[텔레비전]

4 c a r p e t
[카펫, 양탄자]

5 l a d d e r
[사다리]

6 t e l e p h o n e
[전화기]

D 다음의 사다리를 따라간 후, 우리말에 해당하는 영어 단어를 쓰세요.

1 카메라   2 비누   3 열쇠   4 컴퓨터

computer   camera   soap   key

149

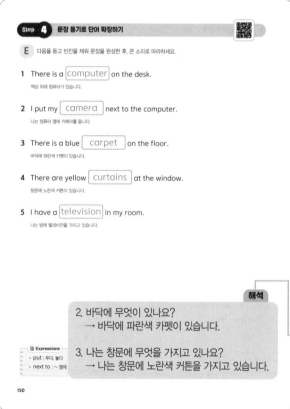

Step 4 문장 듣기로 단어 확장하기

E 다음을 듣고 빈칸을 채워 문장을 완성한 후, 큰 소리로 따라하세요.

1 There is a computer on the desk.
책상 위에 컴퓨터가 있습니다.

2 I put my camera next to the computer.
나는 컴퓨터 옆에 카메라를 둡니다.

3 There is a blue carpet on the floor.
바닥에 파란색 카펫이 있습니다.

4 There are yellow curtains at the window.
창문에 노란색 커튼이 있습니다.

5 I have a television in my room.
나는 방에 텔레비전을 가지고 있습니다.

해석

2. 바닥에 무엇이 있나요?
→ 바닥에 파란색 카펫이 있습니다.

3. 나는 창문에 무엇을 가지고 있나요?
→ 나는 창문에 노란색 커튼을 가지고 있습니다.

📖 Expressions
· put : 두다, 놓다
· next to : ~ 옆에

150

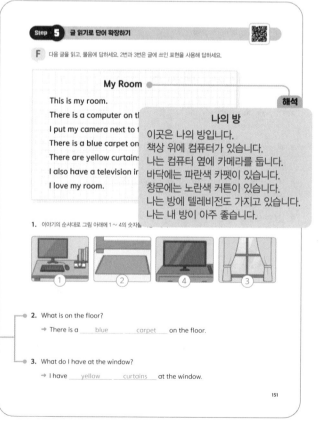

Step 5 글 읽기로 단어 확장하기

F 다음 글을 읽고, 물음에 답하세요. 2번과 3번은 글에 쓰인 표현을 사용해 답하세요.

My Room

This is my room.
There is a computer on th
I put my camera next to t
There is a blue carpet on
There are yellow curtains
I also have a television in
I love my room.

해석

나의 방

이곳은 나의 방입니다.
책상 위에 컴퓨터가 있습니다.
나는 컴퓨터 옆에 카메라를 둡니다.
바닥에는 파란색 카펫이 있습니다.
창문에는 노란색 커튼이 있습니다.
나는 방에 텔레비전도 가지고 있습니다.
나는 내 방이 아주 좋습니다.

1. 이야기의 순서대로 그림 아래에 1~4의 숫자를

① ② ④ ③

2. What is on the floor?
→ There is a ___blue___ ___carpet___ on the floor.

3. What do I have at the window?
→ I have ___yellow___ ___curtains___ at the window.

151

60 초등영단어 Level 1

DAY 24

Quick Check

1 soap → 비누 2 camera → 카메라 3 curtain → 커튼 4 ladder → 사다리 5 towel → 수건

6 carpet → 카펫, 양탄자 7 computer → 컴퓨터 8 key → 열쇠 9 television → 텔레비전 10 telephone → 전화기

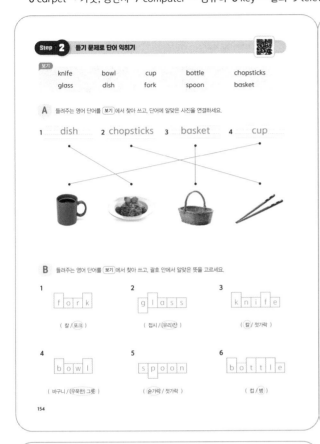

Step 2 듣기 문제로 단어 익히기

보기

| knife | bowl | cup | bottle | chopsticks |
| glass | dish | fork | spoon | basket |

A 들려주는 영어 단어를 보기에서 찾아 쓰고, 단어에 알맞은 사진을 연결하세요.

1 dish   2 chopsticks   3 basket   4 cup

B 들려주는 영어 단어를 보기에서 찾아 쓰고, 괄호 안에서 알맞은 뜻을 고르세요.

1 f o r k
(칼 / 포크)

2 g l a s s
(접시 / (유리)잔)

3 k n i f e
(칼 / 젓가락)

4 b o w l
(바구니 / (우묵한) 그릇)

5 s p o o n
(숟가락 / 젓가락)

6 b o t t l e
(컵 / 병)

154

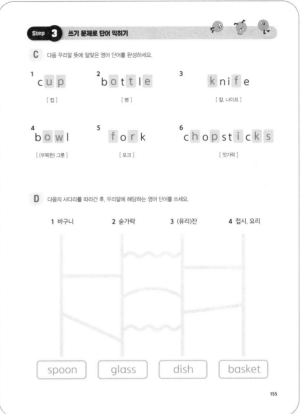

Step 3 쓰기 문제로 단어 익히기

C 다음 우리말 뜻에 알맞은 영어 단어를 완성하세요.

1 c u p
[컵]

2 b o t t l e
[병]

3 k n i f e
[칼, 나이프]

4 b o w l
[(우묵한) 그릇]

5 f o r k
[포크]

6 c h o p s t i c k s
[젓가락]

D 다음의 사다리를 따라간 후, 우리말에 해당하는 영어 단어를 쓰세요.

1 바구니   2 숟가락   3 (유리)잔   4 접시, 요리

spoon   glass   dish   basket

155

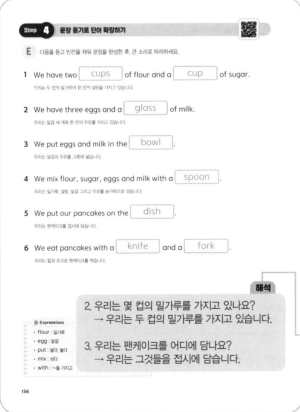

Step 4 문장 듣기로 단어 확장하기

E 다음을 듣고 빈칸을 채워 문장을 완성한 후, 큰 소리로 따라하세요.

1 We have two cups of flour and a cup of sugar.
우리는 두 컵의 밀가루와 한 컵의 설탕을 가지고 있습니다.

2 We have three eggs and a glass of milk.
우리는 달걀 세 개와 한 잔의 우유를 가지고 있습니다.

3 We put eggs and milk in the bowl .
우리는 달걀과 우유를 그릇에 넣습니다.

4 We mix flour, sugar, eggs and milk with a spoon .
우리는 밀가루, 설탕, 달걀 그리고 우유를 숟가락으로 섞습니다.

5 We put our pancakes on the dish .
우리는 팬케이크를 접시에 담습니다.

6 We eat pancakes with a knife and a fork .
우리는 칼과 포크로 팬케이크를 먹습니다.

해석

2. 우리는 몇 컵의 밀가루를 가지고 있나요?
→ 우리는 두 컵의 밀가루를 가지고 있습니다.

3. 우리는 팬케이크를 어디에 담나요?
→ 우리는 그것들을 접시에 담습니다.

Expressions
• flour : 밀가루
• egg : 달걀
• put : 넣다, 놓다
• mix : 섞다
• with : ~을 가지고

156

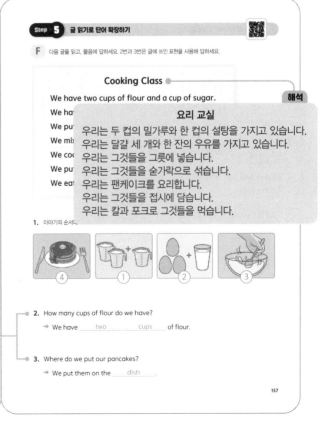

Step 5 글 읽기로 단어 확장하기

F 다음 글을 읽고, 물음에 답하세요. 2번과 3번은 글에 쓰인 표현을 사용해 답하세요.

Cooking Class

We have two cups of flour and a cup of sugar.

We ha...

We pu...

We mi...

We co...

We pu...

We eat...

해석

요리 교실

우리는 두 컵의 밀가루와 한 컵의 설탕을 가지고 있습니다.
우리는 달걀 세 개와 한 잔의 우유를 가지고 있습니다.
우리는 그것들을 그릇에 넣습니다.
우리는 그것들을 숟가락으로 섞습니다.
우리는 팬케이크를 요리합니다.
우리는 그것들을 접시에 담습니다.
우리는 칼과 포크로 그것들을 먹습니다.

1. 이야기의 순서대...

④ ① ② ③

2. How many cups of flour do we have?
→ We have two cups of flour.

3. Where do we put our pancakes?
→ We put them on the dish .

157

DAY 25

Quick Check

1 fork → 포크 2 glass → (유리)잔 3 cup → 컵 4 dish → 접시, 요리 5 chopsticks → 젓가락

6 bottle → 병 7 basket → 바구니 8 spoon → 숟가락 9 knife → 칼, 나이프 10 bowl → (우묵한) 그릇

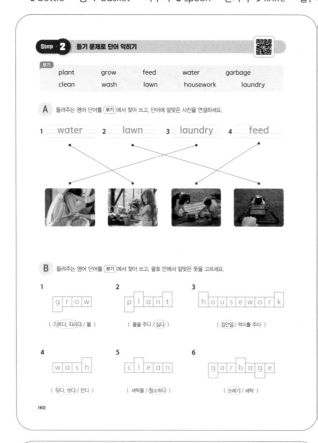

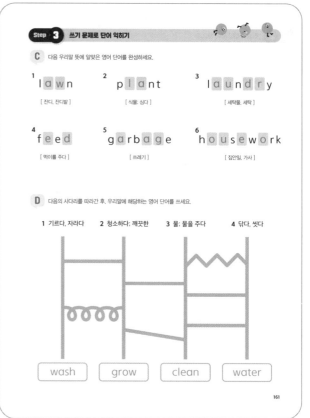

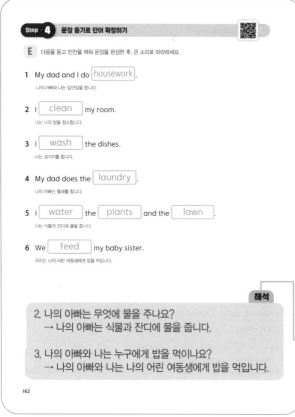

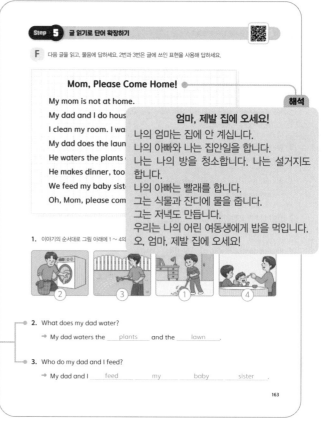

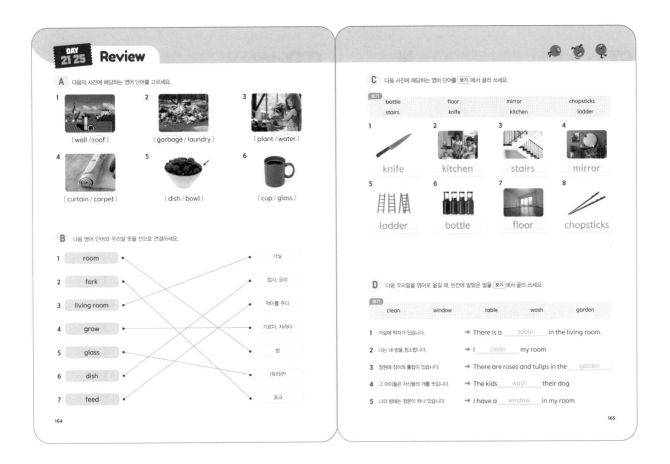

A 다음의 사진에 해당하는 영어 단어를 고르세요.

1 [wall / roof]
2 [garbage / laundry]
3 [plant / water]
4 [curtain / carpet]
5 [dish / bowl]
6 [cup / glass]

B 다음 영어 단어와 우리말 뜻을 선으로 연결하세요.

1 room · · 거실
2 fork · · 접시, 요리
3 living room · · 먹이를 주다
4 grow · · 기르다, 자라다
5 glass · · 방
6 dish · · (유리)잔
7 feed · · 포크

C 다음 사진에 해당하는 영어 단어를 보기 에서 골라 쓰세요.

보기
| bottle | floor | mirror | chopsticks |
| stairs | knife | kitchen | ladder |

1 knife
2 kitchen
3 stairs
4 mirror
5 ladder
6 bottle
7 floor
8 chopsticks

D 다음 우리말을 영어로 옮길 때, 빈칸에 알맞은 말을 보기 에서 골라 쓰세요.

보기
| clean | window | table | wash | garden |

1 거실에 탁자가 있습니다. → There is a ___table___ in the living room.
2 나는 내 방을 청소합니다. → I ___clean___ my room.
3 정원에 장미와 튤립이 있습니다. → There are roses and tulips in the ___garden___.
4 그 아이들은 자신들의 개를 씻깁니다. → The kids ___wash___ their dog.
5 나의 방에는 창문이 하나 있습니다. → I have a ___window___ in my room.

164

165

정답 및 해석 **63**

DAY 26

Quick Check

1 wash → 닦다, 씻다 2 feed → 먹이를 주다, (밥·우유를) 먹이다 3 lawn → 잔디, 잔디밭 4 grow → 기르다, 자라다 5 water → 물; 물을 주다

6 plant → 식물; 심다 7 garbage → 쓰레기 8 housework → 집안일, 가사 9 clean → 청소하다; 깨끗한 10 laundry → 세탁물, 세탁

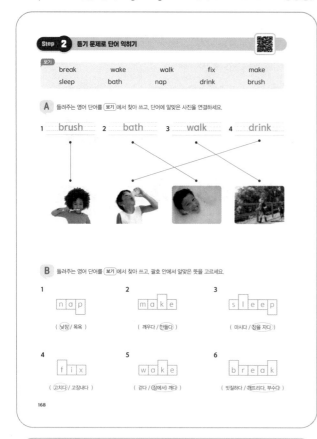

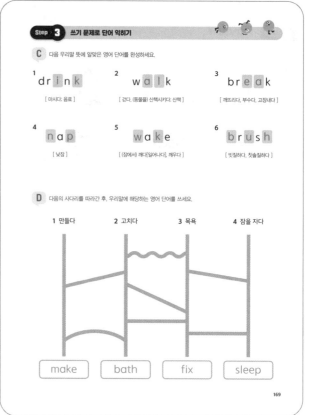

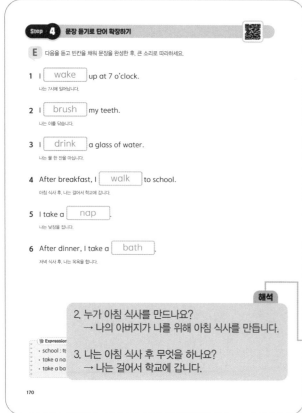

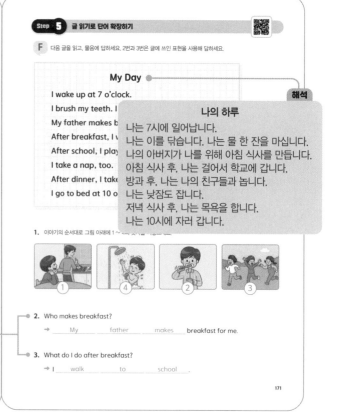

DAY 27

Quick Check

1 sleep → 잠을 자다 2 make → 만들다 3 nap → 낮잠 4 bath → 목욕 5 fix → 고치다 6 drink → 마시다; 음료 7 walk → 걷다, (동물을)
산책시키다; 산책 8 break → 깨뜨리다, 부수다, 고장내다 9 wake → (잠에서) 깨다[일어나다], 깨우다 10 brush → 빗질하다, 칫솔질하다

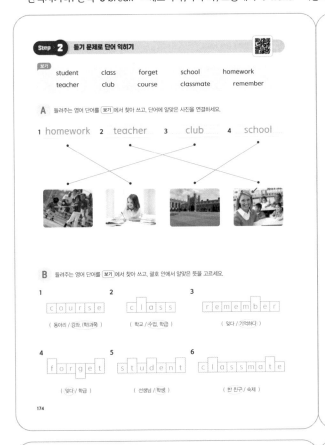

Step 2 듣기 문제로 단어 익히기

보기
student class forget school homework
teacher club course classmate remember

A 들려주는 영어 단어를 보기에서 찾아 쓰고, 단어에 알맞은 사진을 연결하세요.

1 homework 2 teacher 3 club 4 school

B 들려주는 영어 단어를 보기에서 찾아 쓰고, 괄호 안에서 알맞은 뜻을 고르세요.

1 c o u r s e (동아리 / 강좌, (학)과목)
2 c l a s s (학교 / 수업, 학급)
3 r e m e m b e r (잊다 / 기억하다)
4 f o r g e t (잊다 / 학급)
5 s t u d e n t (선생님 / 학생)
6 c l a s s m a t e (반 친구 / 숙제)

174

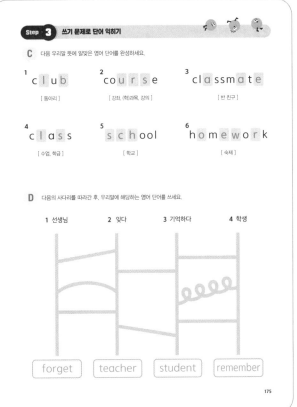

Step 3 쓰기 문제로 단어 익히기

C 다음 우리말 뜻에 알맞은 영어 단어를 완성하세요.

1 c l u b [동아리]
2 c o u r s e [강좌, (학)과목, 강의]
3 c l a s s m a t e [반 친구]
4 c l a s s [수업, 학급]
5 s c h o o l [학교]
6 h o m e w o r k [숙제]

D 다음의 사다리를 따라간 후, 우리말에 해당하는 영어 단어를 쓰세요.

1 선생님 2 잊다 3 기억하다 4 학생

forget teacher student remember

175

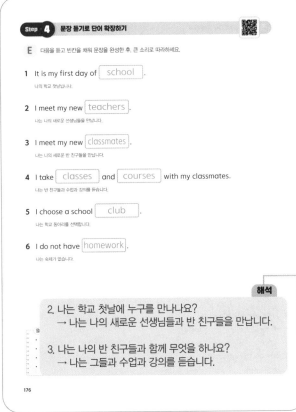

Step 4 문장 듣기로 단어 확장하기

E 다음을 듣고 빈칸을 채워 문장을 완성한 후, 큰 소리로 따라하세요.

1 It is my first day of school .
나의 학교 첫날입니다.

2 I meet my new teachers .
나는 나의 새로운 선생님들을 만납니다.

3 I meet my new classmates .
나는 나의 새로운 반 친구들을 만납니다.

4 I take classes and courses with my classmates.
나는 반 친구들과 수업과 강의를 듣습니다.

5 I choose a school club .
나는 학교 동아리를 선택합니다.

6 I do not have homework .
나는 숙제가 없습니다.

해석

2. 나는 학교 첫날에 누구를 만나나요?
→ 나는 나의 새로운 선생님들과 반 친구들을 만납니다.

3. 나는 나의 반 친구들과 함께 무엇을 하나요?
→ 나는 그들과 수업과 강의를 듣습니다.

176

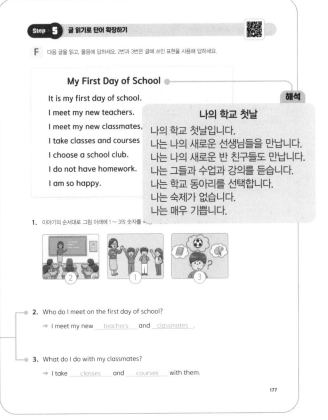

Step 5 글 읽기로 단어 확장하기

F 다음 글을 읽고, 물음에 답하세요. 2번과 3번은 글에 쓰인 표현을 사용해 답하세요.

My First Day of School

It is my first day of school.
I meet my new teachers.
I meet my new classmates.
I take classes and courses
I choose a school club.
I do not have homework.
I am so happy.

해석

나의 학교 첫날

나의 학교 첫날입니다.
나는 나의 새로운 선생님들을 만납니다.
나는 나의 새로운 반 친구들도 만납니다.
나는 그들과 수업과 강의를 듣습니다.
나는 학교 동아리를 선택합니다.
나는 숙제가 없습니다.
나는 매우 기쁩니다.

1. 이야기의 순서대로 그림 아래에 1~3의 숫자를 쓰세요.

2 1 3

2. Who do I meet on the first day of school?
→ I meet my new teachers and classmates .

3. What do I do with my classmates?
→ I take classes and courses with them.

177

Quick Check

1 class → 수업, 학급 2 club → 동아리 3 forget → 잊다 4 homework → 숙제 5 school → 학교

6 teacher → 선생님 7 course → 강좌, (학)과목, 강의 8 student → 학생 9 remember → 기억하다 10 classmate → 반 친구

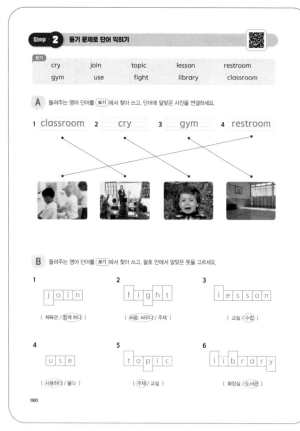

Step 2 듣기 문제로 단어 익히기

보기
| cry | join | topic | lesson | restroom |
| gym | use | fight | library | classroom |

A 들려주는 영어 단어를 보기 에서 찾아 쓰고, 단어에 알맞은 사진을 연결하세요.

1 classroom 2 cry 3 gym 4 restroom

B 들려주는 영어 단어를 보기 에서 찾아 쓰고, 괄호 안에서 알맞은 뜻을 고르세요.

1 j o i n
(체육관 / 함께 하다)

2 f i g h t
(싸움; 싸우다 / 주제)

3 l e s s o n
(교실 / 수업)

4 u s e
(사용하다 / 울다)

5 t o p i c
(주제 / 교실)

6 l i b r a r y
(화장실 / 도서관)

180

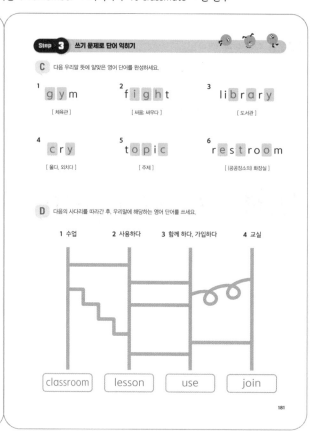

Step 3 쓰기 문제로 단어 익히기

C 다음 우리말 뜻에 알맞은 영어 단어를 완성하세요.

1 g y m
[체육관]

2 f i g h t
[싸움; 싸우다]

3 l i b r a r y
[도서관]

4 c r y
[울다, 외치다]

5 t o p i c
[주제]

6 r e s t r o o m
[(공공장소의) 화장실]

D 다음의 사다리를 따라간 후, 우리말에 해당하는 영어 단어를 쓰세요.

1 수업   2 사용하다   3 함께 하다, 가입하다   4 교실

classroom | lesson | use | join

181

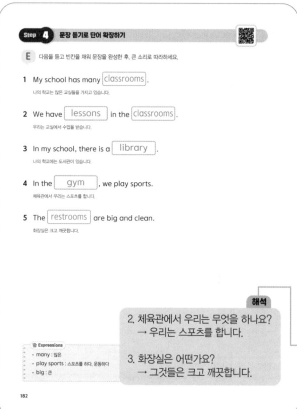

Step 4 문장 듣기로 단어 확장하기

E 다음을 듣고 빈칸을 채워 문장을 완성한 후, 큰 소리로 따라하세요.

1 My school has many classrooms .
나의 학교는 많은 교실들을 가지고 있습니다.

2 We have lessons in the classrooms .
우리는 교실에서 수업을 받습니다.

3 In my school, there is a library .
나의 학교에는 도서관이 있습니다.

4 In the gym , we play sports.
체육관에서 우리는 스포츠를 합니다.

5 The restrooms are big and clean.
화장실은 크고 깨끗합니다.

해석

2. 체육관에서 우리는 무엇을 하나요?
→ 우리는 스포츠를 합니다.

3. 화장실은 어떤가요?
→ 그것들은 크고 깨끗합니다.

📝 Expressions
· many : 많은
· play sports : 스포츠를 하다, 운동하다
· big : 큰

182

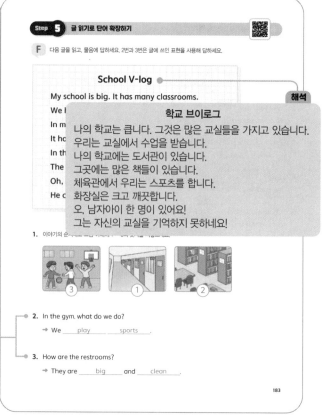

Step 5 글 읽기로 단어 확장하기

F 다음 글을 읽고, 물음에 답하세요. 2번과 3번은 글에 쓰인 표현을 사용해 답하세요.

School V-log

My school is big. It has many classrooms.

We l

In m

It ho

In th

The

Oh,

He c

해석

학교 브이로그

나의 학교는 큽니다. 그것은 많은 교실들을 가지고 있습니다.
우리는 교실에서 수업을 받습니다.
나의 학교에는 도서관이 있습니다.
그곳에는 많은 책들이 있습니다.
체육관에서 우리는 스포츠를 합니다.
화장실은 크고 깨끗합니다.
오, 남자아이 한 명이 있어요!
그는 자신의 교실을 기억하지 못하네요!

1. 이야기의 순서

2. In the gym, what do we do?
→ We play sports.

3. How are the restrooms?
→ They are big and clean.

183

DAY 29

Quick Check

1 lesson → 수업 2 topic → 주제 3 library → 도서관 4 cry → 울다, 외치다 5 join → 함께 하다, (동아리에) 가입하다

6 use → 사용하다 7 classroom → 교실 8 gym → 체육관 9 fight → 싸움; 싸우다 10 restroom → (공공장소의) 화장실

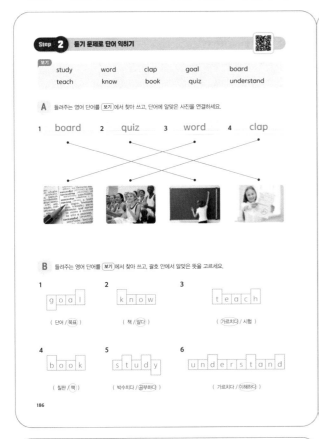

Step 2 듣기 문제로 단어 익히기

보기
study   word   clap   goal   board
teach   know   book   quiz   understand

A 들려주는 영어 단어를 보기 에서 찾아 쓰고, 단어에 알맞은 사진을 연결하세요.

1 board   2 quiz   3 word   4 clap

B 들려주는 영어 단어를 보기 에서 찾아 쓰고, 괄호 안에 알맞은 뜻을 고르세요.

1 g o a l (단어 / 목표)

2 k n o w (책 / 알다)

3 t e a c h (가르치다 / 시험)

4 b o o k (칠판 / 책)

5 s t u d y (박수치다 / 공부하다)

6 u n d e r s t a n d (가르치다 / 이해하다)

186

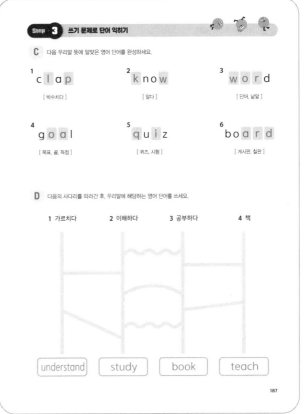

Step 3 쓰기 문제로 단어 익히기

C 다음 우리말 뜻에 알맞은 영어 단어를 완성하세요.

1 c l a p [박수치다]

2 k n o w [알다]

3 w o r d [단어, 낱말]

4 g o a l [목표, 골, 득점]

5 q u i z [퀴즈, 시험]

6 b o a r d [게시판, 칠판]

D 다음의 사다리를 따라간 후, 우리말에 해당하는 영어 단어를 쓰세요.

1 가르치다 2 이해하다 3 공부하다 4 책

understand   study   book   teach

187

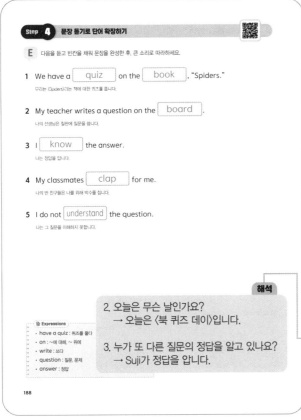

Step 4 문장 듣기로 단어 확장하기

E 다음을 듣고 빈칸을 채워 문장을 완성한 후, 큰 소리로 따라하세요.

1 We have a quiz on the book , "Spiders."
우리는 〈Spiders〉라는 책에 대한 퀴즈를 풉니다.

2 My teacher writes a question on the board .
나의 선생님은 칠판에 질문을 씁니다.

3 I know the answer.
나는 정답을 압니다.

4 My classmates clap for me.
나의 반 친구들은 나를 위해 박수를 칩니다.

5 I do not understand the question.
나는 그 질문을 이해하지 못합니다.

해석

2. 오늘은 무슨 날인가요?
→ 오늘은 〈북 퀴즈 데이〉입니다.

3. 누가 또 다른 질문의 정답을 알고 있나요?
→ Suji가 정답을 압니다.

📝 Expressions
· have a quiz : 퀴즈를 풀다
· on : ~에 대해, ~ 위에
· write : 쓰다
· question : 질문, 문제
· answer : 정답

188

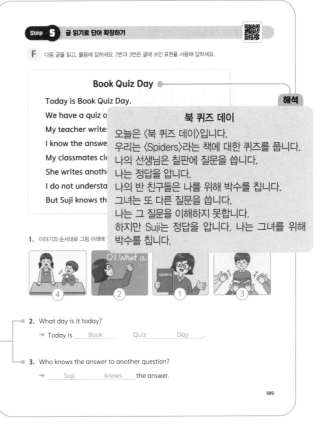

Step 5 글 읽기로 단어 확장하기

F 다음 글을 읽고, 물음에 답하세요. 2번과 3번은 글에 쓰인 표현을 사용해 답하세요.

Book Quiz Day

Today is Book Quiz Day.
We have a quiz o
My teacher write
I know the answe
My classmates cl
She writes anoth
I do not understa
But Suji knows th

해석

북 퀴즈 데이

오늘은 〈북 퀴즈 데이〉입니다.
우리는 〈Spiders〉라는 책에 대한 퀴즈를 풉니다.
나의 선생님은 칠판에 질문을 씁니다.
나는 정답을 압니다.
나의 반 친구들은 나를 위해 박수를 칩니다.
그녀는 또 다른 질문을 씁니다.
나는 그 질문을 이해하지 못합니다.
하지만 Suji는 정답을 압니다. 나는 그녀를 위해 박수를 칩니다.

1. 이야기의 순서대로 그림 아래에

4   2   1   3

2. What day is it today?
→ Today is Book   Quiz   Day .

3. Who knows the answer to another question?
→ Suji   knows the answer.

189

정답 및 해석 **67**

DAY 30

Quick Check

1 book → 책 2 goal → 목표, 골, 득점 3 know → 알다 4 word → 단어, 낱말 5 quiz → 퀴즈, 시험

6 study → 공부하다 7 board → 게시판, 칠판 8 clap → 박수치다 9 teach → 가르치다 10 understand → 이해하다

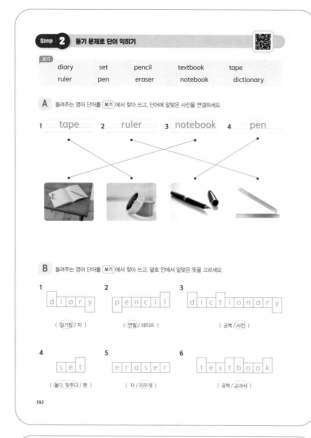

Step 2 듣기 문제로 단어 익히기

보기

| diary | set | pencil | textbook | tape |
| ruler | pen | eraser | notebook | dictionary |

A 들려주는 영어 단어를 보기에서 찾아 쓰고, 단어에 알맞은 사진을 연결하세요.

1 tape 2 ruler 3 notebook 4 pen

B 들려주는 영어 단어를 보기에서 찾아 쓰고, 괄호 안에서 알맞은 뜻을 고르세요.

1 d i a r y (일기장 / 자)

2 p e n c i l (연필 / 테이프)

3 d i c t i o n a r y (공책 / 사전)

4 s e t (놓다, 맞추다 / 펜)

5 e r a s e r (자 / 지우개)

6 t e x t b o o k (공책 / 교과서)

192

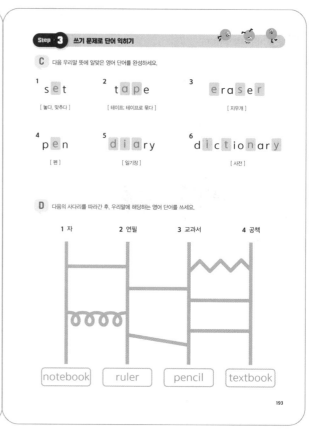

Step 3 쓰기 문제로 단어 익히기

C 다음 우리말 뜻에 알맞은 영어 단어를 완성하세요.

1 s e t [놓다, 맞추다]

2 t a p e [테이프; 테이프로 묶다]

3 e r a s e r [지우개]

4 p e n [펜]

5 d i a r y [일기장]

6 d i c t i o n a r y [사전]

D 다음의 사다리를 따라간 후, 우리말에 해당하는 영어 단어를 쓰세요.

1 자   2 연필   3 교과서   4 공책

notebook   ruler   pencil   textbook

193

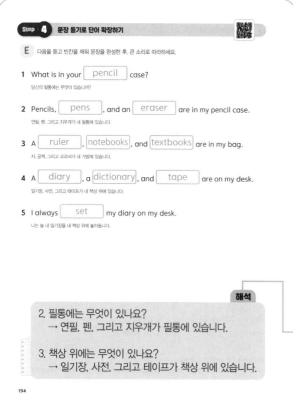

Step 4 문장 듣기로 단어 확장하기

E 다음을 듣고 빈칸을 채워 문장을 완성한 후, 큰 소리로 따라하세요.

1 What is in your pencil case?

당신의 필통에는 무엇이 있습니까?

2 Pencils, pens , and an eraser are in my pencil case.

연필, 펜, 그리고 지우개가 내 필통에 있습니다.

3 A ruler , notebooks , and textbooks are in my bag.

자, 공책, 그리고 교과서가 내 가방에 있습니다.

4 A diary , a dictionary , and tape are on my desk.

일기장, 사전, 그리고 테이프가 내 책상 위에 있습니다.

5 I always set my diary on my desk.

나는 늘 내 일기장을 내 책상 위에 놓습니다.

해석

2. 필통에는 무엇이 있나요?
→ 연필, 펜, 그리고 지우개가 필통에 있습니다.

3. 책상 위에는 무엇이 있나요?
→ 일기장, 사전, 그리고 테이프가 책상 위에 있습니다.

194

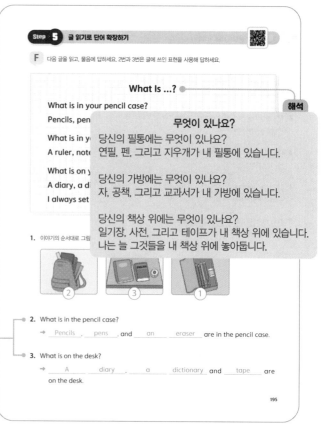

Step 5 글 읽기로 단어 확장하기

F 다음 글을 읽고, 물음에 답하세요. 2번과 3번은 글에 쓰인 표현을 사용해 답하세요.

What Is ...?

What is in your pencil case?

Pencils, pen

What is in you

A ruler, note

What is on y

A diary, a d

I always set

해석

무엇이 있나요?

당신의 필통에는 무엇이 있나요?
연필, 펜, 그리고 지우개가 내 필통에 있습니다.

당신의 가방에는 무엇이 있나요?
자, 공책, 그리고 교과서가 내 가방에 있습니다.

당신의 책상 위에는 무엇이 있나요?
일기장, 사전, 그리고 테이프가 내 책상 위에 있습니다.
나는 늘 그것들을 내 책상 위에 놓아둡니다.

1. 이야기의 순서대로 그림 ... ② ③ ①

2. What is in the pencil case?
→ Pencils , pens , and an eraser are in the pencil case.

3. What is on the desk?
→ A diary , a dictionary and tape are on the desk.

195

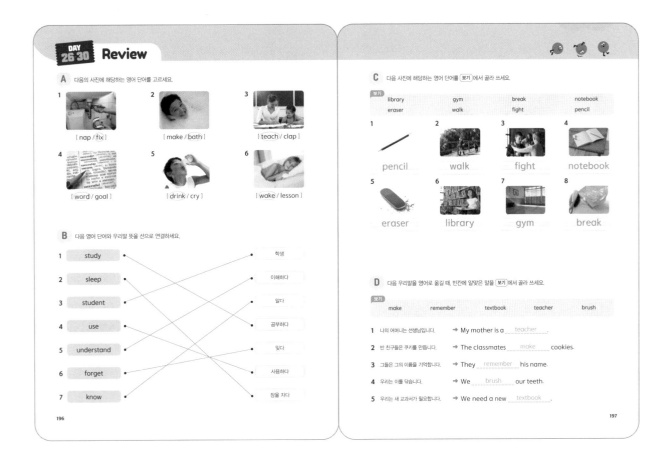

DAY 26-30 Review

A 다음의 사진에 해당하는 영어 단어를 고르세요.

1 [nap / fix]
2 [make / bath]
3 [teach / clap]
4 [word / goal]
5 [drink / cry]
6 [wake / lesson]

B 다음 영어 단어와 우리말 뜻을 선으로 연결하세요.

1 study · · 학생
2 sleep · · 이해하다
3 student · · 알다
4 use · · 공부하다
5 understand · · 잊다
6 forget · · 사용하다
7 know · · 잠을 자다

C 다음 사진에 해당하는 영어 단어를 보기 에서 골라 쓰세요.

보기
| library | gym | break | notebook |
| eraser | walk | fight | pencil |

1 pencil
2 walk
3 fight
4 notebook
5 eraser
6 library
7 gym
8 break

D 다음 우리말을 영어로 옮길 때, 빈칸에 알맞은 말을 보기 에서 골라 쓰세요.

보기
| make | remember | textbook | teacher | brush |

1 나의 어머니는 선생님입니다. → My mother is a __teacher__.
2 반 친구들은 쿠키를 만듭니다. → The classmates __make__ cookies.
3 그들은 그의 이름을 기억합니다. → They __remember__ his name.
4 우리는 이를 닦습니다. → We __brush__ our teeth.
5 우리는 새 교과서가 필요합니다. → We need a new __textbook__.

196

197

Quick Check
1 pen → 펜 2 tape → 테이프; 테이프로 묶다 3 ruler → 자 4 set → 놓다, 맞추다 5 eraser → 지우개
6 notebook → 공책 7 diary → 일기장 8 dictionary → 사전 9 pencil → 연필 10 textbook → 교과서

MEMO

MEMO

MEMO

초등영단어
문장의 시작

Level 1

메가스터디BOOKS

내용 문의 02-6984-6908 | 구입 문의 02-6984-6868,9 | www.megastudybooks.com